A TASTE OF PHILOSOPHY

Why the Question Contains Multiple Answers

哲学的味道

为什么一个问题有多种答案

孙 津 著

团结出版社
UNITY PRESS

图书在版编目（ＣＩＰ）数据

哲学的味道：为什么一个问题有多种答案 / 孙津著
. -- 北京：团结出版社，2023.1
　ISBN 978-7-5126-9590-0

Ⅰ.①哲… Ⅱ.①孙… Ⅲ.①哲学－通俗读物 Ⅳ.
①B-49

中国版本图书馆 CIP 数据核字 (2022) 第 151637 号

出　版：团结出版社
　　　　（北京市东城区东皇城根南街 84 号　邮编：100006）
电　话：（010）65228880　65244790（出版社）
　　　　（010）65238766　85113874　65133603（发行部）
　　　　（010）65133603（邮购）
网　址：http://www.tjpress.com
E-mail：zb65244790@vip.163.com
　　　　tjcbsfxb@163.com（发行部邮购）
经　销：全国新华书店
印　装：三河市东方印刷有限公司

开　本：147mm×210mm　32 开
印　张：8.875
字　数：187 千字
版　次：2023 年 1 月　第 1 版
印　次：2023 年 1 月　第 1 次印刷

书　号：978-7-5126-9590-0
定　价：46.00 元
　　　　（版权所属，盗版必究）

目 录

序（一）
回归生活世界与经验的哲学

历来关于哲学的定义可谓多矣，而哲学研究的视野与方法亦多端。然而，综观在目前的哲学研究领域中，主导潮流是以前人或时贤的哲学论著作为研究对象的"哲学研究"者居多，而以"哲学问题"作为研究对象的哲学探讨甚少。即使坊间出现一些以研究"哲学问题"为宗旨的学术著述，其哲学研究的路数与问题思考，大抵亦来自于历史上某个或某些哲学家关于哲学的"先见"或"成见"。本人不否认哲学研究离不开对于哲学历史的了解与研究，更不认为有一种可以脱离哲学传统以及哲学共同体话语而可以"自说自话"的哲学研究方式，而是认为：假如脱离了或者说缺少了研究者对于生活世界之经验的体察，则任何哲学研究未必能上升到真正的哲学研究，而是只停留在"哲学话语"层次上的哲学研究。即言之，任何真正意义上的哲学研究，其灵感首先都来自于研究者本人对于他的生活世界，包括他生活于其中的哲学话语世界的观察、反省与领会，然后，他才能撰写出具有他自己的哲学思想的著作。由此看来，对于真正的哲学来说，研究哲学活动与生活世界的关系这一问题实在有其必要。

从这种意义上说，孙津以"问题与答案"作为核心概念，提出并阐释"为什么一个问题有多种答案"，其思想的启迪意义不容低估。本书与其说是对历史上沿行已久的或者当前仍在流行的一些哲学成见或话语的反省与批判，不如说更多的指向作为生活世界之组成部分的"哲学世界"本身。即作者认为：考察与研究哲学与其说是对于哲学话语或者具体的哲学问题的研究，不如说首先是对于哲学何以成为哲学的生活世界，或者哲学的生活世界何以可能的研究。循此研究思路，作者借助于社会功能学的视野与方法，别出心裁地提炼出"问题与答案"这一范式，作为考察与研究"哲学"究竟为"何物"的方法论路径。

乍看起来，似乎以"问题与答案"来概括哲学的功能及其本性过于浅显和难以入"哲学"之法眼。但经过本书的分析，我们发现：这种误解其实是来自于我们通常对于"哲学"的成见，即认为有水平的哲学研究与哲学观念应当是不食人间烟火而高端于"云端"之上的。而作者通过对"问题与答案"这一学术范式的考察，说明人作为个体或者群体，其最基本的生存活动就是应对生活中的问题并且得以解决；而哲学作为人类个体与群体的生活世界中的实事，亦当如是。当然，对于"哲学"来说，"问题与答案"的思考远非是对人类日常生活中某个或某些具体的"问题"的思考与解决，而是指向作为人类生活世界之总体及本质这一"实情"。

除了借用于社会功能说的观点将哲学之本性归结为"问题与答案"这一基本范式之外，本书的精彩之处是对"问题与答案"这一元哲学问题的论证。抛于具体的哲学问题不说，人们通常认为但凡高深的哲学问题，尤其是元哲学问题，其研究问题的路径一定是"思辨"的或者"反思性"的。但对于本书作者来说，任何哲学思想观念与其说是构成性的，不如说是经验性的。因此，围绕"问题与答案"这一中轴原理，作者分别从他心目中的哲学生活世界的视野出发，提炼出如下六个方面的问题：选择与存在、命名与指称、说明与陈述、真理与行动、体验与交流、分类与参照，对哲学究竟为何物的"根据"或者说"元理"——作了考察。此也即作者所说的哲学作为一门学问讲的是作为"道理的道理"。

从研究风格来看，本书的写作平易近人，也很好地体现了内容与形式相一致的特点，即追求用日常的生活语言来表达高深的哲学元理及其观念。惟其如此，本书要传达的思想主旨包括两个方面：其一、哲学的真实性能及应用样态在于问题与答案的对话；其二、从哲学的应用来讲，答案就是问题自身的选择性展开过程。如此深奥的哲学问题，一般读者通读其书以后，其"道理"也都容易理解。

总括起来，本书之最值得称道之处在它无论从内容与写作风格来看都追求日常生活中的"经验"与"常识"。这在当前的学术研究生态条件下完全是别开生面的。而将日常生活经验的方法引入于哲学之元理的研究，这一方法实具有"学术创新"的意义。当然，这一学术创新的方法论依据及其限度也并非完全没有可讨论之处。因为从究竟义看，哲学的诞生地虽然来自于人类的生活世界与生活常识，但这个生活世界的"边界"与"范围"到底有多大？这本身就是一个元哲学的追问与发问。在这个问题上，本书将哲学研究的对象定位于"中观"的世界。依书中的看法，中观世界指的是一个物理时空的世界。

仔细审视一下可以发现，将哲学的研究对象定位于物理时空的世界，这本身也属于作者关于哲学作为生活世界的一种成见或定见。此一成见或定见能否成为哲学共同体的共见，似乎还存在讨论甚至争论的空间。不过，作者或许也看到了这一点，所以他不忘告诉我们："为什么一个问题有多种答案"，并将其作为本书的副标题特意标出。这种出于对哲学研究之多元品格与谦逊本性的尊重与慎重态度，值得我们记取。

是与作者共勉！

胡伟希

2022 年 8 月 14 日

序（二）

有一个问题经常萦绕在脑海里：中国当下还有原创性的哲学吗？不少人对此持悲观态度，我偶尔也感到惶恐不安。不过，据我的有限阅读经验似乎能感受到，中国当下学界其实不乏具有原创性的哲学著作，如张志扬的《偶在论谱系》（复旦大学出版社 2010）和孙津的《哲学的样子》（团结出版社 2022）。只是有兴趣阅读此类哲学著作的读者越来越少。与原创性哲学问题相关的另外一个问题是：具备什么样的思想素质和生活态度才有可能进行原创性哲学思考？这个问题涉及到对现代文明进程的反思。

孙津在《哲学的样子·导言》指出："人类文明进程已经进入不可逆的加速度，而全球化、信息化、数字化、人工智能化等等，不过是支撑这个加速度的各种技术手段。"由此导致一个很有意思的现象："休息的异化"。孙津举出玩手机的实例来加以说明："玩手机和便捷化是同一种生成性质及形态，即不会休息、懒得休息、不能休息。"（第 4 页）"玩手机这个行为典型地或富有特征地展示了人类已经不会休息的现实。"（第 5 页）在孙津看来，"不会休息"也就"不会思考"。

孙津关于当代文明进程的哲学思考引发我的一些观察与联想。手机与手机一起运行的自媒体程序如微信，已然成为当代中国人须臾不可离身的社交工具和支付工具，但是在当代学人中仍然有极少数学者有意识地少用手机，甚至不用微信。我的学界好友中不用微信者大致可以分为两类：完全不用微信和基本不用微信，前者如孙津、叶舒宪，后者如莫砺锋、张志扬。这几位学术大咖，在各自不同的学术领域都取得非凡的成就，其原因自然是多种多样的。但据我的观察，少用手机、不用微信是他们处世态度的某种"共相"。玩手机、用微信会使个人时间碎片化，不利于集中精力读书治学，尤其是在思考写作的具体进程中。

这几位学友对于学术问题的专注导致他们有意识地与手机或微信保持距离。我的师兄莫砺锋长期不用手机。我的好友孙津至今使用一个老旧的诺基亚手机，只用于接听电话和发短信两个简单功能，他坚决拒斥任何品牌的智能手机，并坚持认为伦理异化和道德堕落的重要标志之一，就是在日常生活使用智能手机。志扬兄对西方文明第三期机器人转型带来人类文明的毁坏具有高度的警觉。舒宪兄去年底当面对我说："玩微信太浪费时间"，因此他能抓紧时间写作并出版几十种学术著作。在某种意义上讲，他们是"时代文明的落伍者"，他们在现实生活中肯定是"寸步难行"。比如，在新冠病毒疫情严厉防控的今天，你要外出，很难想象，如果没有手机和微信健康码怎么行得通。不过，在另外的层面讲，他们又是"面对时代文明变化的有所不为者"。

从这个意义上讲，少用手机、不玩微信乃是进行原创性哲学思维的必要态度，当然不是唯一的态度。我们不能因此得出结论：用手机、玩微信的学人没有进行原创性哲学思考的正确态度。反例也是大量存在的。我自己习惯上午思考、写作，只要我进入思考和写作时间，我通常就会关机或者把手机打到静音状态，放在另外的房间，等到中午再集中查看手机里的各种信息。"关机"或"静音"，就是抵御玩手机的"诱惑"或"成瘾"的有效方式之一。即便如此，我依然认为，玩手机绝对会影响注意力的集中程度，而哲学工作绝对是高注意力的思想劳作。

摆在读者面前的这本著作《哲学的味道》，可以说是作者《哲学的样子》的姊妹篇。《哲学的样子》试图说明哲学在文明变化中对各活动领域的价值意义及行为导向，说明它们如何形成相应理解和交往的基本范畴。孙津认为，人类的主要活动领域可分为政治、经济、社会、文化，那么相应的哲学形态可以叫做哲学政治、哲学经济、哲学社会、哲学文化，而它们各自的基本范畴分别是发展与溃灭、划算与竞争、直接与间接、界限与自由。哲学本身的基本范畴是问题与答案，而且"问题与答案"对其他领域具有统摄性和普适性。

《哲学的味道》一书正是对"问题与答案"的思考和论证。这本书试图回答一个哲学问题：为什么一个问题有多种答案？孙津在《导论》中概括全书的宗旨："全部内容旨在提出并阐明一个命题，即问题与答案内在的关系互动，或者说问题与答案的相互问答，是哲学运作的常态。也就是说，真实的哲学是由问题与答案构成的，而且一个问题往往、甚至必然包涵多个答案。在这个意义上讲，哲学的作用形态就是设置问题，并通过问题的展开形成各种答案，而在思想和认识的实际应用中，问题与答案也就成了哲学本身的基本范畴。"孙津以问题与答案作为哲学的基本范畴和核心概念，主要从选择与存在、命名与指称、说明与陈述、真理与行动、体验与交流、分类与参照等六个方面，来分析阐述问题与答案互动关系的基本结构因素和主要功能指向。他希望借此增强哲学的解释力，尤其是改造世界的作用。

作者在这本书里是否实现了他自许的全书宗旨，那得由阅读此书的读者来做出判断。但是，这本书的论述显然展现了作者对于哲学的全新理解和阐释，从而哲学不再是工具性的方法，也不再是对客观规律的认识，而是道理应用的本体样态，即所谓"道理的道理"。应该说，这是极富创见的深刻思想，似乎已超出了既有哲学范式的解释力，值得人们认真关注和思考。

我和孙津是老友，初识在1979年，相知相交四十余年。前年我邀请他来武汉参加民间横渡长江的壮举，他在江水中身手敏捷如同他的思维敏捷一般，我自愧不如。在我看来，孙津是学界的"奇才"或"怪才"。他已经出版的十多种学术专著，涉及文艺学、美学、艺术评论、哲学、政治学、社会学等多个跨度很大的学科领域。不过，仔细读来便不难看出，他对这些领域的研究兴趣都专注于思想，包括哲学思想、政治思想、社会思想、美学思想、文艺思想等。如此看来，孙津应该算作思想家，而他的每一本著作出版，都会在第一时间送给我征求意见，我也曾为其中的著作写过书评。这次他邀请我来给《哲学的味道》写序，我更是欣然应允，因为，他在写作此书的过程中，我们有过多次深入的讨论，他赞许我是"懂"他的哲学思想的人。至于写书者和写序者的学科背景是否为哲学专业的科班出身，我想那并不重要。因为，我们都相信，哲学交流既是一件有哲学素养者之间的私人事情，同时也是一项需要大众参与的文明的公共事业，尤其是当下，原创性哲学是值得分外珍惜的思想资源。

世界上最痛苦并最快乐的阅读经验无外乎读哲学。我衷心期待有兴趣的读者喜欢这本书，批评这本书，从而带给自己艰深的思想享受。

是为序。

张三夕

2022 年 7 月 18 日

于巴东野三关

导 言

哲学很像味道，甚至就是一种味道。味道无处不在，但人们可能完全感觉不到；味道又多种多样，但人们不仅对它们各有所爱，也各有所厌。的确，味道也因此具有原义、偏好、审美、鉴赏等意思。于是，挥之不去而又抓摸不着的味道就像是哲学的问题，你只能指望把对具体味道的感知作为答案，却无法直接言说味道。尽管这些答案多种多样，但它们不过是相应问题的自我展开，而哲学的味道，就是问题与答案互动关系的特征。

那么，为什么会有问题、什么叫做"问题"？如果有了问题，什么东西是它的答案、又根据什么说它们就是"答案"？问题和答案是什么关系、凭什么此为问题而彼为答案？问题能够被解决吗、解决了的问题是个什么东西？答案真的就能够回答问题吗、而问题与答案的关系的真实性和价值何在？即使问题和答案都为真，为什么一个问题有多种答案？这些话题看起来很平常，但却是哲学史一直没有认真对待的话题，甚至根本就没有提出过。当然，人们不可能或者说做不到否认哲学史，而我也不会或不可能假装其他哲学家或别人什么也没有说过，但我认为，自维特根斯坦之后哲学应该、也可以对这些话题进行讨论了，因为他把哲学这盘棋走死了。换句话说，关于问题与答案的探究的确是从对维特根斯坦的接续，或者说从他的终结之处开始的。

由上，这本小书的全部内容旨在提出并阐明一个命题，即问题与答案内在的关系互动，或者说问题与答案的相互问答，是哲学运作的常态。也就是说，真实的哲学是由问题与答案构成的，而且一个问题往往、甚至必然包涵多个答案。在这个意义上讲，哲学的作用形态就是设置问题，并通过问题的展开形成各种答案，而在思想和认识的实际应用中，问题与答案也就成了哲学本身的基本范畴。由此，特别需要指出的是，书名"问题与答案"中的"与"并不仅仅表示"什么和什么"中的"和"那种并列关系，而且还表示"对于""关于""相对"等内在关系，各章标题中的"与"也是如此。

仅就提出上述研究主旨便不难看出，这里所要讨论的东西与历来所说的哲学有着明显的不同。其中最不一样的地方，就是不局限于研究高度抽象的思想本身，也就是并不局限所谓的反思，而是把思想作为一种发现、发明、认识、实施和检验知识的工具，探求它的一般形态和基本功能。作为一个特征，这种与历来哲学的不一样似乎是处于系统的抽象和直接的经验之间，不过我要做的并不是就此寻找中间道路。相反，我认为当今哲学的严重保守和最大误区，恰恰是用各种类型学的规范来裁剪丰富多样的现实，然而从本质上讲，直接的经验同样也是（如果不是比系统的抽象更是的话）哲学的属性构成。由此，本书将指出并说明，哲学并不仅仅是一种工具，可以比如说用来思维、解释、判断、指导行动等，更不是自娱自乐的语言、逻辑或智力游戏，而是人的社会性类功能的构成部分。这是包括哲学本身及其研究的整体哲学生态的现实，而对于这种情况的认识和运用，直接影响或制约着哲学史的走向。

那么，为什么会有哲学，或者说人为什么要发明哲学呢？我觉得这和人与生俱来的恐惧感或安全感有关，因为世上有很多没法确切解释的东西，而得不到相应的解释就会使人感到恐惧或无所适从。比如，最根本的困惑也许就是高更的画作题目了：《我们是谁、我们从哪里来、向哪里去》。有一些困惑似乎完全是思辨性的，甚至是自找的。比如有没有客观规律，如果有将起什么作用；有没有人们必须遵从的最高的善，如果有又是什么含义、应该如何遵从；等等。还有一些是看起来可信、多数情况下也可以操作的东西，但接踵而来的疑虑却无穷无尽，以至于相信有确凿无疑的答案本身就成为可疑。

比如，时空弯曲和万有引力究竟哪一个在先，它们对物质的产生、存在、形塑以及未来到底有什么影响。如果这类问题搞不清楚，我们真的能对我们生存其中的时空稳定性以及我们自身的安全高枕无忧吗，比如我们会不会有一天毁于暗能量和暗物质的膨胀呢？对于几乎所有的科学发明和技术来讲，更多的疑虑甚至就是化解疑虑的手段带来的，比如伴随着所有医学发明和医疗技术的新情况，往往都是出现更多的病害，包括新生的疑难杂症和大规模的传染病，也就是人瘟。

但是，明明没有解释却还要言说，表明哲学的作用其实只是指出并阐明这种境况，也就是提出相应的问题。对某个事物不理解并不是问题，解释不充分更不是问题。真正的问题就是把某个事物放置到相应的或合适的道理上，而一旦知道问题的所在，人也就不那么恐惧和困惑了。因此，与哲学的发明相一致，问题也是人制造出来的。

几乎所有的人都相信，万事都有个道理，也就是规则、根据、准则、因果、说头等，而哲学，就是这些道理的道理。这不仅仅是总体的道理与众多具体的道理的关系，更重要的还是通用（基础的、普遍适用的）道理与领域或部门道理的关系。因此，比如科学、神学、政治等极具权威和能力的领域或部门，也不得不求助相应的哲学解释来支持自己的合理性。我们常说，从"逻辑"上讲、"道理"上讲或"原则"上讲，指的就是一种有道理的根据，仿佛有些事情本"应该"如何，所以如果事情不是这样，就叫做例外、意外或者技术上的失误。

但是，当我们想道理、探求道理、讲道理以及运用道理的时候，问题就来了，因为摆弄道理的直接结果，包括摆弄道理这个过程本身，就是对现状的改动，而且多数情况下还会提出新的要求。显然，大多数道理的实际作用都是经验层面的，所以相对比较容易理解，而且可以不借助什么特殊的手段和工具就能够实行相应的要求。由此，这里讨论的哲学就是一种中观的、经验层面的哲学，比如它既不专门探究关于宇宙、天体、黑洞、暗物质这些宏观东西的道理，也不专门探究关于原子、电子、夸克、量子这些微观东西的道理，而是探讨中观层面的，或者说关于一般生活的可经验的道理。

针对并维持中观层面或规模的经验并不是避重就轻或以偏概全，而是实际的需要，也就是说，至少我们能够感知的都是中观层面或规模的存在。无论宇宙中的暗物质或暗能量，还是脑电波对语言的还原，这些情况对生活层面的现实来讲都没有实际意义，也都不能说明关于思维与存在关系方面是唯物的、唯心的还是别的什么论点。同样，我们已经并仍在知道不少关于所谓起源的事情，比如海水的年龄比太阳系还要古老，而在中国北方发现的 14.6 万年前的"龙人"头盖骨表明人类的进化历史又多了一个物种。但是，这些发现对于地球就是这样的地球和我们就是这样的我们并没有什么关系。或许，我们可以设想、也能够用道理和相应的技术手段去证明地球的毁灭，但这种情景对于我们毕竟也太过遥远。就我们将向哪里去的选择来讲，人尽可以设想飞到外太空什么地方或地球以外某个星球去生活，但是这里的问题和困难并不在于人及其所掌握的技术是否有能力这样做，而在于这样做本身很可能是违背伦理的，也就是违背人这个物种的中观层面和规模的生存方式。

因此，真正涉及或具有"问题"意义的道理主要是中观层面的哲学，至少，在中观层面讨论问题与答案不仅更切合实际，而且也是明智或方便的选择。不过需要说明的是，"问题"的用法及含义很多，如果说，汉语中"东西"这个词的意思最为包罗万象，那么"问题"也许就是含义用法第二多的一个词了。在具体的使用中，"问题"这个词可能出现，也可能不出现，但其意思的表达仍是明显的，而且这种情况在英语也有大致对应的词，所以我猜想全人类大概都如此。

问题可以用来"发问"（ask），比如"有什么问题吗"；可以表示"探询"（inquire），比如"还需要了解的问题"；用做

"难题"（problem），比如"这个问题可难办了"；表示"麻烦"（trouble），比如"问题太多了"；表示"负担"（burden），比如"额外的问题"；表示"矛盾"（contradiction），比如"这是有问题的"；表示"主题"（theme），比如"提出或设计的问题"；表示"关键"（key），比如"问题在于"；表示"重点"（point），比如"需要强调的问题"；用做"事务"（issue），比如"外交问题"；表示"事物"（matter），比如"无论任何问题"；等等。问题甚至还可以做代词和冠词用（it、this、that、the），比如"关于这个（或那个）问题"。最后，问题还可能什么意思也没有，同时又可以用来表示任何意思，比如，说"那个问题"就像说"那个东西"一样。

从学术的角度讲，问题也可以是学科意义的专门术语。比如，当我们从社会学的意义上讲"问题"的时候，往往是指这样一种状况，即对于某个事物（工作、困难、矛盾、冲突等）如果不去干预或改善它，现有的（社会、政治、经济等）结构或功能就会改变或崩溃。比如，"农民问题""环境问题""人口问题"等指的就是这种状况，在这里，"农民""环境""人口"等事物本身就是问题，而不是用来形容或表征某种问题的。

显然，无论日常用语还是学术术语，上述所有"问题"的意思都具有或暗含一个共同的意思，即"提问"，也就是提出或设置问题。这种提出或设置使得相应"问题"成为一种动词性的名词（对应的英文可以采用Question），即表示这个词的运用已经具有或经过了对其所说内容的判断，也就是"为什么"。之所以说动词性名词，是因为言说或确定某个东西，都潜藏着对这种言说和确定的判断，也就是必须有"是什么"和"为什么"的含义。由此，问题本身的展开也就转换并构成为该问题所要求的相应的回答，比如对问题内容所做判断的根据，以及问题的对象、目的、特性、方式等，所以相对说来它们都是名词。所谓"答案"（Answers），指的就是这种回答，表示已经和可能存在的东西，或者说各种具体的境况。[a]事实上，具体的问题是复杂多样的，而且对于"问题"的用法也并不严格。比如，在所谓"三农问题"的说法中，其实只有"农民"是问题，农业和农村都只是客观存在，它们的"问题"是指事务、工作或任务以及关于或涉及这些方面的困难。[②]

　　由于问题含义的多样性、多重性和复杂性然，问题的哲学意义就不是指问题的用法及具体含义，而是指问题存在本身，也就是存在着问题与答案这种状况的根据、含义、形态和意义。在此意义上讲，问题的哲学意义就是问题与答案的形而上学。换句话说，尽管各种问题有其不同的内容，但问题的一般意义却是指命题的根据，也就是"为什么"。不过，这种问题存在的前提其实就是一种答案，因为正是能够作为命题被追问这种情况，表明至少同时已经有一种被认同或者被使用着的东西了，这个东西就是答案。因此，相对说来答案存在的"有"其实在问题"之先"，而在问题"之后"产生

---

　　① 以下除了少数有其他含义并且加以说明，文中所有"问题"和"答案"都是在此处所说的意义上使用的。

　　② 孙津：《中国"三农问题"的体制转型》，《中国人口资源与环境》2008年第4期，第73-77页。

的是作为落实了问题的展开并具有真实含义的答案。

　　作为含有判断的命题，"问题"所展示的东西至少包括意思、内容、含义、意义等层次或方面。比如，以"地球是我们的家园"这个命题为例，其中，"意思"是指所说的对象，即由地球、我们和家园这些名词或名词的组合构成；"内容"是指所说对象的状态，也就是各种因素的构成，比如对地球、我们和家园自身以及相互关系的界定，包括物质形体、精神类别、空间尺度、时间跨度等；"含义"是指由内容所承载或体现的知识及其解释可能，包括判断的根据和指向，由所说对象的存在和行为构成，也就是地球为什么以及怎样是我们的家园的；"意义"则是指整个意思、内容、含义的因果关系和作用指向，不仅包括前三项因素，而且更加强调相应的判断、目的和价值，所以具有超出特定命题判断的普遍性。相应地，答案至少也分为这四种类型或四个方面，而且不同类型或方面的答案针对的可能是同一个问题。因此，一个问题具有多个答案是必然的，或者说是由哲学的本性决定的。

　　我们每一个人，只要活着，每时每刻、随时随地要做的一件事（包括思维和行为）就是问答"是什么"和"为什么"。这样讲的原因很简单，即你总要确定你周围的任何东西，也就是确定它们是什么，同时还要找出做如此确定的根据或理由，也就是从因果或目的等方面说明为什么。这种情况就是"问题"，即对于存在（状态、实体、观念、事物）的确定，从而能够采取相应的反应或行动，所以"问题"对于人具有本体论意义。我们尚不能确定动物是否能够问答"是什么"和"为什么"，不过，作为存在着的生命，想必它们也需要以它们各自的方式做出具有问答"是什么"和"为什么"这种性质和功能的反应，否则它们就不可能维持起码的安全和生存。

从哲学形式或形态来讲，问题就是包涵"为什么"的命题。比如，"地球是圆的"这句话还算不上命题，因为这个"是"其实不是判断，而只是对"圆的"这个感觉的描述。"地球是一个围绕太阳转的行星"是一个命题，尽管不一定准确，也不周圆，但这里的"是"是一个确定的判断。由此，这个命题也就包涵了"为什么"，也就是根据，比如为什么要绕着太阳转、这种"转"的作用是什么以及此行星的含义与其他行星是一样的还是独特的，等等。说明和解释这些为什么，就是答案，所以不仅一个问题必然包涵多个答案，而且这些答案的内容与问题的指向并不是一一对应的，或者说，不同的答案可能对应或适用同一个问题。

历来的哲学形态都是人的思考，所以总是以思维与存在的关系为核心问题。在我看来，这是一个深深的误解。哲学是人发明的，也的确体现为人的思考，但这种状况所标明的，就是道理的道理本身的存在形态。思考一旦启动，就要做判断，也就是提出问题。从这个角度讲，似乎是有了问题而后才有答案。但是，无论是人发明哲学还是提出问题，都不是随心所欲的，而是都有相应的制约。这个制约就是既存的、可以供人思考的东西，也可以叫做问题得以形成或提出的因素。这些因素从来就不是先验的东西，包括所谓客观规律，而是现实的、不断变化的存在，包括由人在提出问题的时候以及"解决"问题的做法所构成的新的存在。因此，即使像马克思所认为的那样，人只能根据历史已经提供的条件来提出任务，思维与存在也根本没有必然的或内在的联系。

没有先验的规律，但经验也不是完全自主没有制约的，所以不仅问题的形成和提出需要根据既存的问题"因素"，而且这些因素的具体运用就是答案。换句话说，答案就是问题的展开，而人们常说的"提出问题就暗含了解决问题的答案或方向"指的就是这个意思。严格说来，答案甚至是问题的根据或理由，因为问题虽然以"为什么"的方式提出，实质则潜在地指向甚至指出了"是"的内容，而任何对于"是"的判断都是由判断者认为自己已经知道了的东西为依据的。因此，一个问题包涵多种答案是哲学本身与生俱来的一个特性，而问题与答案这一范畴关系所体现的，是道理的本体论形态。相对说来，问题是无中生有的内容，答案则是各种"有"的形式，或者说是问题的展现。这里的逻辑关系在于，"无"是一，也就是规律；"有"是二，也就是作为认识或自以为认识了以及正在认识的规律的问题；而问题的展现和转化则是三，也就是各种答案。因此，问题本身并不存在被"解决"与否，而是不断地自我展现和转化，而答案就是这些展现和转化的载体和形式。

简括地说，一个问题包涵或具有多种答案的根本原因，在于问题与答案内在的互动关系，即答案并不是自由独立的，它只是问题自身的展开。不过，正因为问题与答案是哲学活动的基本常态，所以这两者的位置并不是固定的，而由于答案是问题的展开，所以问题与答案又是可以相互转换的。比如，答案在体现为问题的展开的同时，也会生成新的问题，也就是说，答案也会变为问题，从而开启另一个问题与答案的境况。问题只是表面上看似在答案"之先"提出，事实却是那些构成问题的"因素"已经作为各种答案存在了。由于这时候的存在一方面尚未被赋予专门的问题针对，另一方面各个存在可能只担负将要做出的答案的某一部分，所以这种存在对于问题的形成就还只是潜在的因素。因此，几乎每一个问题都不止一个答案，但这种情况有时并不容易看出，或反过来说，因为过于平常而被忽略或熟视无睹。

不过，从范畴的普适性来讲，还是有一些基本的、关系相对固定的问题与答案互动方面或情况。作为问题展开的具体内容，答案至少可以体现为四个方面，即部分、程度、过程、作用，而且每一个方面都具有相对独立的意义。由此，问题与答案也就可以从这几个主要或重要方面来体现，而且每个方面都包含问题与答案的真实含义及相互关系。在此意义上讲，各章节所列出的相应主要关系，既是哲学的基本范畴和核心概念，也是哲学运作的一般状态，所以从特性分类来讲，这些关系也就包括了本体论、认识论、方法论等传统或历来哲学的主要方面。根据答案是问题的展开这个原则，各章节在讨论分析各具体关系的同时，也就阐释了相应的"一个问题多种答案"的情况。

从结构安置来讲，全书可以分为三部分。第一章为第一部分，在梳理、总结、指出哲学的真实含义和实际状况的基础上，提出并说明问题与答案的互动关系就是作为道理的道理的哲学的真实常态。第二章到第六章为第二部分，具体讨论分析问题与答案五个基本的互动关系，以及作为相应问题展开的答案内容和形态。这些基本的互动关系包括选择与存在、命名与指称、说明与陈述、真理与行动、体验与交流。相对说来，在各章标题所表示的相应关系中，前面的词汇是问题，后面的词汇是答案。第七章为第三部分，侧重从基本知识形态的角度，整体阐述问题与答案的分类与参照关系，同时也将分类与参照作为一种分析方法，展示一个问题多种答案的主要针对方面。

第一部分

从历史上看，既有的哲学都是作为人的对象而具有科学性的，所以无论本体论、认识论还是方法论，其核心问题都是思维与存在的关系。在我看来，这种情况尽管仍然可以以哲学史的方式延续，但对于变化了的当今文明来讲却使得哲学大大削弱了应有的解释力，尤其失去了改造世界的作用。因此，弄清楚哲学的历史结构，是发现和理解当今哲学特性及状况的前提，从而为后续各章节关于问题与答案内在互动关系的讨论和分析，提供了必要的背景知识及相应的理论基础。

第一章　哲学的历史结构

　　所谓哲学结构，是指哲学起作用的形态，从描述的角度来讲，就是弄清楚哲学的状况。和众多的文明一样，哲学也是人发明出来的，尽管神话的发明可能更早，但哲学却显得更加高贵，因为它很可能是人在温饱之余闲着没事干的时候想出来的。从逻辑上讲，哲学也会消亡，不过现在看来还为时太早，所以这里的历史结构的意思是把哲学史作为一个整体，而不同时期和境况中的哲学"意义"是不同的。正是这些不同表明，哲学史的整体是由各种意义构成的，所以意义的变化本身才应该是连贯一致的。因此，这里的"结构"并不是哲学史上的各种哲学观点或内容，而是指它们是从什么角度、以什么目的、用什么方式说出来的。就哲学状况的真实性来讲，哲学史不仅是构成性概念，更是经验性概念。由此，通过对哲学历史结构的梳理和阐明，可以为理解这样一种看法提供认识的基础和途径，即哲学其实就是道理的道理，而它的实际功用则是设置问题并建构答案，或者说使问题得以自我展开。

　　很难确定哲学是什么时候被发明出来的，不过这里要说的哲学结构在时间上是从近代开始的，直到今天以及可以预见的不远的将来。这样做的理由并不是因为古代的哲学不好，或者不如近代以来的哲学深刻，也不是说哲学不可能像科学知识那样不断积累，所以随便截取某一段也能反映或说明全貌。恰恰相反，正是因为科学知识的积累和技术手段的进步，由此产生或带来的新看法才使哲学具有了"近代"的意义。可以说，从人类发明哲学开始，哲学就具备了它的基本问题，但随着经验科学的进展，哲学越来越被认定为不能只靠主观假定，也不再满足用全能的上帝做最终答案，甚至根本不会相信不能加以证实的推断。正是这些变化，使得近代以前的哲学的实际作用越来越弱，以至于至少从节省篇幅的角度考虑而不必要在此描述它们。事实上，近代以来（直至现代和当代）哲学的最大特点，就在于现代科学，尤其是相应的技术使绝大多数人相信，文明的趋势是进步的，人类也几乎是无所不能的。换句话说，人们坚信，不管有多大的灾祸，都阻挡不住科学技术的进步，所以人类社会总是有办法克服所有困难，继续发展。

　　近代哲学大致从17世纪中后期到18世纪初开始，也就是欧洲被叫做启蒙时期的那个年代。不管产生这种情况的原因是什么，至少有两个互为因果的现实使得它具有了"启蒙"的特性。一个就是物质世界中科学技术的强劲发展，另一个则是在精神世界始终伴随的从神学理论（严格说或者实际上是宗教权威）摆脱出来的背景和过程。在中国，理性的以及学科分类式的近代哲学至迟在12世纪就形成了，但却没有产生欧洲那种启蒙运动。事实上，工业化及其相应科学技术对中国的真正影响是经由西方列强的殖民入侵形成的，而那时西方的启蒙运动已经过去了，所以从时间上讲中国失去了形成自己的以信仰科学进步为标志的近代哲学的机会。

或许，中国历来的哲学与伦理和政治区分不明确，而且大多不成体系，但这些情况与中国有没有或者是否形成了近代哲学无关。真实的原因在于，几乎所有中国自己的（或者古代的、传统的）哲学自近代以来就没有用，或者说用不上，在今天尤其如此。不仅新文化、工业化、现代化以至于整个学科结构和思维习惯都不是中国原生的，而且人们说话写字也都不用古文，甚至在讲中国古代哲学的时候也要对照西方的概念和范畴才能明白。比如，冯友兰在讲到程朱学派"理学"和陆王学派"心学"所争论的主题时就曾这样对照着说，"用西方哲学的术语来说，这个问题是，自然界的规律是不是人心（或宇宙的心）创制的。这历来是柏拉图式的实在论与康德式的观念论争论的主题，简直可以说，形而上学争论的就是这个主题。"①

不过，近代以来的哲学一开始就埋伏着矛盾：一方面是抱着怀疑态度的个人主义和主观主义；另一方面则是社会化的组织形式和纯客观的技术手段。正是这些矛盾催生了民主，但又始终没能生成新的哲学，如果撇开马克思主义哲学的努力不谈的话。正是这些矛盾，使得近代以来哲学的历史结构体现为两种主要形态，或者说，是整体意义变化的两个主要方面。一方面是从个体（主体）的认识出发，寻求在逻辑上证明普遍的道理如何"说得通"，而其突出的特征，就是建构与社会存在相分立的哲学体系或理论。另一方面是

① 冯友兰：《中国哲学简史》（下），涂又光译，中华书局，2017 年版，792 页。

从价值观的角度指出和维护如何"做得对"，不过这种哲学状况往往并没有被清楚认识到，而是由集体无意识来承载和维护的，其突出特征是将哲学融入并谋求改变社会存在。

本章将上述两个方面分别叫做分立的哲学和融合的哲学，并在对它们进行讨论说明之后，针对哲学作为道理的道理这个结构本身，指出问题与答案互动关系的真实含义。由此可以说，本章的内容是理解后续讨论的理论背景和认识前提，不了解这些内容，就难以理解提出"问题与答案"这个话题的根据，也就不会真正理解讨论它们的意义。

需要事先说明的是，在讨论分立的哲学和融合的哲学时所提到的人，当然都是哲学史上最重要的哲学家，但选择或提及他们却不仅仅因为他们重要，更多只是因为碰巧他们说了相应的观点或主张。同样，所说的内容显然并不就是他们全部的哲学思想、观点和主张，而且在分类上也不等于某个哲学家只属于某种哲学状态，比如分立或融合、自娱自乐或改造世界等。

1. 分立的哲学

分立的哲学有一个基本特征，就是脱离实际生活，好像有一个专供哲学运行的自立、自为而且封闭的精神世界。因此，尽管分立的哲学内部思想各异、观点林立，但它们都是围绕自己设想出来的存在，在精神世界里面，甚至只按照主观意念来说明存在的状态、根据、本质、意义等问题。就砥砺思想、增进智慧来讲，各种分立的哲学当然不是无聊的废话，相反，它们有很多都能自成一套知识体系。但是，就现实的哲学结构来讲，分立的哲学所标明的是一种自娱自乐，因为它们主动从生活分立开去，只为了在逻辑上的"说得通"，当然也包括给逻辑自身相应的本体或本体位置。就关注的核心问题或研究对象来讲，大致可以从三个方面来讨论说明分立的哲学的结构形态，即可感的和先验的存在、精神自身的运行、逻辑和语言。

就第一个方面的情况来看，实际上就是思维与存在的关系，不过关注的方向侧重于如何确定存在。不管是可以感觉或经验到的存在，还是先验的或只能凭理性推论出来的存在，总之使得对于这些存在的道理（比如性质、形式、特征等）能够说得通的最基本前提，就是必须有这些存在。这样就有两个问题，一个是有"什么"，一个是凭什么说"有"。"什么"和"有"合在一起就是本体论，所以就寻找最基本的或最小的实体存在单位，比如金、木、水、火、土等等。实在小到看不见了，就说那是"以太"。

很可能，哲学对于存在的探寻出于人的恐惧感，因为如果没有"有"，一切就都不可靠。换句话说，道理上可以有"无"，因为可以把无作为"有"的来源或出处。但是，决不能允许"空"的存在，因为空不是一种状态，而是什么都没有。正如太阳系也不是空的，而是充满了由无数细小的粒子构成的太阳风一样，我们也没法设想宇宙"之外"。当这些问题都局限于思辨的方式时，不同的道理可以凭空自我证明，实在需要裁决的话，就推给上帝。随着科学力量的显示，也就是按照客观道理发明制造出越来越多的实用技术，哲学也越来越怀疑看不见摸不着的证明，于是就有了对存在的彻底的怀疑。摄于宗教和政治制度的压制，近代哲学开始还以承认神明为前提，但由于专注于对确实性存在的证明，精神和物质也就被分成了各自独立的存在。于是，有了笛卡尔的"我思故我在"。

"我思故我在"当然是一种高度的、而不是彻底的怀疑主义的产物，因为它还保留了对于"我"和"我思"的确信。在这个判断中，不仅把精神和物质分开，而且以精神为主动的一方，决定存在的根据和状况。但是，这里的矛盾在于，既然"我"是由于"思"才确定自己的存在的，那么"我思"不仅尚未确定而且根本就无从确定。退一步说，也许有一个独立的"思"，它使得"我"存在，那么显然由于"思"属于精神，所以又回到精神决定存在（主要是物质存在）的老套路了。

不过，精神与物质的二分法毕竟以一种怀疑主义的方式得到了认同和巩固。大体说来，精神的属性是思维，物质的属性是广延性，实际上就是可见的运动、位移、力量、数量。但是，哲学找不到终极的存在还是不死心，而感性的知觉又被认为靠不住，于是就挖空心思设计纯粹是关于理性世界及其活动的道理，更加并且越来越远离了生活现实。终极的存在不可言说，最多只能想象，所以现实的或经验的知识一定还有超出感知之外的、或者说"先天的"或"先验的"道理。因此，为了使精神与物质的二分法能够说得通，需要有一个沟通或连接先验存在与经验存在的渠道或机制。

对此，康德想出了一个他认为能够解决一切形而上学问题的方法，叫做先天的综合判断，或者先验综合判断。通过经验认识到的东西属于综合的命题，但经验到的知识也可以被抽象出某些东西，作为普遍性的基础适用于其他方面。这种情况就是先验综合判断，而我们的精神所运用的就是那些普遍性的基础，包括康德提出的 4 组 12 个范畴。单一性、复杂性、全体性是关于量的范畴，实在性、否定性、限制性是关于质的范畴，实体与偶性、原因和结果、主动和被动是关于关系的范畴，可能性、存在性、必然性是关于模态的范畴，但它们作为精神的构造来讲都是主观的。同样，尽管从经验上讲，时空是实实在在存在的，但在康德看来，时空不过是我们得以观看什么的两种形式，所以也是主观的。

其实，真正符合、或者说能够用来说明先验综合判断的东西并不多，而且主要集中在科学领域，尤其是物理学和数学。比如，2 加 2 看起来是先验的，然而它的作用总是在各种两个"东西"加上两个"东西"的时候才显现，尽管这种"东西"也可以是抽象的。当然，这只是最简单的例子，之所以科学似乎常用先验综合判断的方法，并不在于科学家的喜好，而是因为科学总是或者通过经验的实验"发现"以为尚不知道也看不见的规律，或者用几乎完全是想象出来的逻辑去"证明"所有事物的合理性。于是，逻辑和实验的协同运作，构成了一幅绝妙的先验综合判断图式。或许正是由于此，后来出现所谓科学哲学就不奇怪了，因为它试图解释甚至指引科学现象和自然真理的道理，包括可能性和运行规则。

科学的影响首先带来的是怀疑主义，但是至少从笛卡尔到康德，怀疑主义并没有彻底抛弃神（或神性、上帝），只是更多了个人主义立场和自由主义主张。造成这种情况的很大原因，正在于构筑远离人间烟火的体系，不仅使哲学具有了个人主义和主观主义特性，而且也制约或减弱了自由主义的现实性。比如，在康德那里，"自由"并不是现实的解放，更不是随心所欲，而是精神自身的一种否定力量。之所以是否定，也并不因为具体的对象或事物有什么错误，而是精神一旦要做判断、做决定，其前提就是认为或假定现存的状况（对象或事物）有什么不合理或不完满的地方，于是才可能把那判断和决定当成应该如此的东西或做法。在这个意义上讲，自由的力量是纯理性的，是指向某种本来应该有的境况或东西，而这个境况或东西就是"物自体"。

　　然而，康德发明"物自体"原本是为了给先验综合判断一个根据或理由，因为他把物自体看作是人的感觉的原因，它不在时空中，也不是实体。所谓物自体的不可知，在于物自体只向理性自由显现，却无法或不可能作为感知的对象。不过这样一来，其实要不要物自体这个根据或理由都无所谓，因为如果真的有什么物自体，那无非就是"道理的道理"（对此后面将专门讨论）本身。康德把物自体弄得神秘兮兮，也许恰恰是分立的哲学仍不能彻底摆脱神性的缘故。按照叶秀山的理解，康德以后的德国古典唯心主义从理性的"自由"出发，努力克服康德的"物自体"，把"本质"与"现象"结合起来，而"在本世纪（指 20 世纪）把这个问题想得最清楚的是海德格尔。"①

---

　　①　叶秀山:《康德的"自由"、"物自体"及其他》,《中国社会科学院研究生院学报》(京)1997 年第 1 期, 第32-36 页。

现在来说第二个方面。

事实上，关注精神自身的运行是分立的哲学的必然选择，因为只要跟任何现实扯上关系，存在都不可能自立自为。不过，正是对于精神自身的关注，在方法论上消除了物质与精神的二分法，因为精神本身就是存在的全体。比如在黑格尔那里，全体本身就是"绝对"，而且是精神性的，所以存在不可能各自为政，不仅在逻辑上，而且在实体上都只能属于包罗万象的全体。换句话说，全体像一个有机体，不可分割，同时也就是具有理性的精神，其他存在都是这个全体的部分，具有合理性的现实也不过是指全体的样貌。在精神的运行中，精神指导理念，理念指导实践，人类和世界历史于是才显示为一种合理的历程，而黑格尔的辩证法就是这种精神有机体自身活动的机制。

其实，可以把绝对精神看作神，不过它们不是神秘自身，而是神秘的东西。沿着这条道路，分立的哲学越来越彻底地钻进人的思维，甚至就用精神游戏精神，从而在认识论上引入某些神秘的东西也就是不可避免的了。的确，向着精神世界不断深入地钻研进去是需要才能的，甚至是天分，但也难保不会走火入魔。比如，胡塞尔经过很多年的苦思冥想，终于干干脆脆地抛开了所有能够捕捉和感知的任何存在，发明了一个叫做"现象"的神秘东西。

胡塞尔认为，表面上看来，历来的哲学好像都有着实在与现象的区别，包括柏拉图的理念与影子、亚里士多德的形式与质料，但所有这些不过仍然都是物理世界之内的区别。换句话说，它们其实都属于物理世界的范畴。在胡塞尔看来，还有一个心理世界，那里的存在显然不同于物理世界，但也都有着自己的逻辑。因此，心理世界中的存在如果具有正当性，那它一定是按照某种特定方式才能被把握的观念性实体。这种存在就叫做"现象"，它不仅表示具有正当性的对象，也表示本然的客体。我们不能直接知道事物实体，但事物实体也不是我们能够想象出来的，所以正是并且只有现象才能作为我们直接研究的对象或东西。在认识与对象或者思维与存在之间有一个我们能感知到的层面，它才是真正的事物或事实本身，所以直接把握现象就是回到这个事物或事实本身。

如果说，笛卡尔是出于好奇和怀疑，把存在的终极证明放到了思维上面，那么胡塞尔根本就不认为有任何非精神性的存在。为此，胡塞尔自己发明和建立了一种叫做现象的新实体，它超出主观和客观两方面的经验性，只存在于心中，所以对它的研究就是回到事实本身。不过，胡塞尔的现象并不是康德的物自体。本来，还在康德活着的时候，德国古典哲学就已经逐渐看出来物自体是一个多余的赘物，有它无它都一样。到了胡塞尔，由于没有了物自体的干扰，反而可以放心大胆地认为他所谓的现象可以与一切外在的存在相隔绝，现象从而也才有资格被用来沟通或连接主观性与客观性。但是，在这种叫做现象学还原的沟通或连接中，客体始终只是在某种意向性的参照方式中才得以存在，甚至就是意向的产物。换句话说，胡塞尔精细绝妙的现象学还原和意识构成都是他自己头脑中想出来的图式，而且尤其以与外界所有存在相隔绝为前提。

其实，这种现象学还原至少在两个最重要的环节上显得很难理解，或者说十分神秘。第一个就是本质的还原，也就是把事实弄成精神性的本质。如果说这种还原是从个别存在中抽象出普遍性，那么常识对此还可以理解。然而，胡塞尔的意思是指出作为存在的事实的不可靠，所以要通过把它们悬置起来去找出其中的本质。这种悬置包括历史和存在两个维度，也就是把它们"加括号"，不做判断，甚至不加理会。据说，这样就可以把精力集中在精神性的现象身上了。接下来就是第二步的先验的还原，也就是排除所有朴素的意识，将它们通通变成纯粹意识，或者形成纯粹意识的材料。本质的还原所使用的材料和所针对的意义是本体论的对象，先验的还原所使用的材料和所针对的意义是形而上学的对象，不过对这些对象的还原处理都必须采取直觉的方式才行。

也许，胡塞尔能够靠直觉把一个对象（比如一棵树）感知为某种现象，然后把这个现象悬置起来不做它是何物以及是否存在的判定，从而可以在意念中把这个现象一再还原。比如，先剥露出它本体论意义上的本质，也就是处于思维与存在之间的意向性的树，接着再建构出它的形而上学道理，也就是这种或这样的树为什么如此这般的根据。这些说法及其还原方法听起来精细华丽，但它毕竟不是魔术或戏法，最终那个对象、也就是那棵树还是那棵树，不可能通过还原被变成别的什么东西，比如一条狗，或者一头猪。因此，就现象学还原的现实性来讲，如果不是一些神秘的法术（当然这不是神秘本身），那么只能是哲学家（比如胡塞尔）自己地地道道的心路历程。

最后来看逻辑和语言。

由于分立的哲学与现实生活无关，逻辑就被当成哲学上是否

"说得通"的唯一标准，然而在话语言说方面，实际情景使得最难以作为依据的东西恰恰就是逻辑。于是，哲学就用全部力量研究语言的使用及其逻辑，也就出现了所谓哲学在 20 世纪最突出的事件或现象，叫做语言学转向。参与这个转向的队伍包括为数众多的哲学家，他们的主张有很多名称或标识，比如逻辑、实证、经验等，但总括起来叫做"分析"。分析哲学并没有自己的对象，它的一贯风格就是指出别的什么观点的错误，主要是语法和句法的错误，当然也包括非分析的哲学家的错误，认为他们不过是在误打误撞。就此而论，尽管用"分析"来称呼语言学转向队伍中的众多哲学家并不准确，但似乎也找不出更好的特征标识了。当然，分析哲学自身也并非没有传统的东西，比如它的"逻辑实证"基本上就是"先验综合"，其中逻辑是先验的，实证是综合的。

分析哲学虽然没有确定对象，但大多都在不同程度上排斥形而上学，更不谈世界观、人生观之类非科学或非客观标准的东西。这种情况主要有两个原因，一是认为价值观以及主观判断方面的东西没有客观标准，另一个就是能够感知的本体的最小单位既看不见也无法确定，所以合理的东西只能是方法。排除主观因素，但又必须由某种方法让人能够相互交流、明白事物，所以逻辑和语言就是达到这两方面目的的最基本工具。相对说来，逻辑是客观的和先验的，语言是经验的和综合的。

公开宣称拒斥一切形而上学的哲学家是卡尔纳普，而且他曾认为一切哲学问题都是句法问题。罗素对卡尔纳普的观点持保留态度，而且发明了一种摹状词理论，认为用摹状的陈述就能够使对于"存在"的断言不成问题。这种摹状陈述对于所要判断的对象的存在与否不设定任何前提或假定，而是用逻辑的方式来排除不可能的情况，从而使得对于某个对象的判断或者不会出现句法错误，或者证明那个对象的存在就是不真实的。但是，摹状词的使用虽然能够解释具体的存在，却还是没有在句法以及语法之外去表明存在本身是否存在。也许正因为如此，关于存在的判断的确就像罗素所认为的数学知识一样，既不是经验的知识，也不是先验的知识，而仅仅是词句上的知识。

仅用逻辑，或者说纯粹的逻辑分析，必然导致个人与群体，尤其是行动与其环境的分离。其实这是两个问题。其一，思维和语言哪个在先；其二，是否有的"意思"超出句法，或者说句法无法表达，也无须表达，而是由情景提供。不过，从分析并不进行各种理论的争论来讲，它的确消除了哲学问题，因为它根本就不提出问题，既不主张明确的哲学立场，也不承诺提供正确的答案。然而正因为如此，分析哲学最大的错误，恰恰在于没有看到，是人就不可能不思考形而上学的问题，否则人就成了机器。日常语言原本也没问题，因为人们在使用的时候并无困难，甚至也不存在误解，所有的误解都来自故意或不懂。

在逻辑和语言方面，将哲学做最极端分立的应该是维特根斯坦，而且他所说的哲学不同于哲学史上几乎任何一种哲学。严格说来，维特根斯坦根本不认为有什么哲学，因为全部哲学问题的产生原因都在于对语言的误用，而语言的结构恰恰是我们不能或没办法言说的。由此，维特根斯坦认为哲学的全部任务就是分析，一方面指出语言没能力言说语言自己的结构，另一方面就像在做语言游戏那样告诉或提示人们不要陷入某种可能的错误。维特根斯坦进而认为，由于能够看到日常语言的本来面目，哲学的用处就像心理医生一样，可以通过指出言语的错误，或者指出语言本来的意思，让那些困顿在哲学迷雾中的人找到方向。

不过，至少由于不能够言说语言的结构，哲学家在帮助人们认清实际情况的时候并不是直接说出来，而只能用类似语言游戏的方式默默地为人们的日常言语做出提示。于是，尽管维特根斯坦大量地关注所谓日常语言，实际上却把哲学弄成一种彻底远离人间烟火的净土，哲学家则是其中寥寥可数的向导，而他自己更是其中的清醒者和佼佼者。然而这样一来，不仅哲学被语言游戏消释或吸纳了，而且哲学的棋盘上也只剩下一些残局，等待可能出现的顶尖高手来破解。

由此，维特根斯坦反对构建哲学体系，而是不断地就具体的语言游戏加以分析，让读者从这些分析中悟出道理，澄清混乱，摆脱困惑，看明方向。但是，所有这些做法始终没有说明语言那个本来的"面目"是什么，因为按照维特根斯坦的逻辑这恰恰是不能说的东西。同样，他也始终没有说明作为哲学分析对象的"事实"是什么，因为他的哲学从性质到作用根本就不做这种事情。由此看来，如果维特根斯坦不是没事找事和自我折磨地拷问语言，那就只可能是要使哲学彻底地与现实分立，以至于实际上消除了哲学。由此也就不奇怪，不管语言游戏、家族相似还是别的什么说法，似乎都是维特根斯坦开出的治疗言语混乱的药方，而他的哲学研究中那些互不相连的片段分析，就像是一个个病例的罗列。不过，这些病例并不是临床诊疗的积累，而是维特根斯坦式苦思冥想的记录。

很可能，各种分立的哲学其实都是想逃避现实，尽管逃避的程度有所不同，而且哲学家自己并不一定意识到这一点，或者装作不知道。如果不是这样，也就用不着非要在理性或纯粹的精神领域追求那个虚无缥缈的绝对存在和绝对正确。不过，这些分立的哲学越是高深莫测、繁复难懂，发明它们的哲学家也就越有特权，即某种只有极少数人才有资格和可能参加的学术小圈子，而且一般说来他们也会由于当权者附庸风雅的需要而获得各种"上流"地位。即便研究哲学是一种个人兴趣，但是对于高度抽象的思想本身，不管怎么分析，终归既缺少应用的支持，也导致与思维的实际情况相悖或相脱离。事实上，分立的哲学除了没事找事和自娱自乐，还有一个共同的特点，就是要读者先相信他们所说的东西，而后就能够理解他们的理论及其正确性或真理性了。否则，不是哲学家不对，而是读者外行或低能。

2. 融合的哲学

简单说来，融合的哲学就是关注现实生活的哲学。这不仅仅是指理论联系实际，更重要的是将哲学道理在现实层面融合进了生活，或者说相应的理论是针对社会现实而具有意义的。因此，相对分立的哲学想方设法要"说得通"，融合的哲学更要在此基础上关注如何"做得对"。换句话说，与洁身自好的思辨不同，融合的哲学要使自己成为现实的思维方式和意识导向。不过，融合的哲学不一定都是主动的或自觉的，只是实际上存在着这种状态的哲学结构罢了。

就主动的和自觉的认识来讲，最为典型、也是最重要的融合的哲学就是马克思的哲学。在我看来，世界上拥有最多读者的哲学可能就是马克思的哲学了，如果不算宗教信仰，相信马克思的哲学的人肯定也是最多的。这样讲的根据并不在于统计数字，而在于马克思的哲学是真正用于实践的，同时它也是一种知识体系。这种哲学形态的突出特征一是认识论，也就是思想必然有其产生的来源，另一就是方法论，也就是如何理解和运用规律。正因为如此，马克思的哲学以及马克思主义极少讲本体，因为没有必要，而且一旦言说本体反而容易出错。

事实上，马克思与以往的哲学家有一个最大的不同，就是他把自己的哲学（以及他的所有学说，尤其是后来被叫做马克思主义的学说）当成科学，而不是一般的理论。理论有对有错，科学则一定是对的。因此，这种哲学与现实的融合有一个前提和特征，就是揭露和批判它认为是错误的思想和哲学观点，当然也包括相应的论争对手。但是，就理论的现实性来讲，科学性的道理总有其适用的针对，所以马克思的哲学在"说得通"的基础上（或者说同时）对"做得对"的要求至少具有三个基本原则。

首先是坚持物质第一性、精神第二性的唯物主义。"不是人们的意识决定人们的存在，相反，是人们的社会存在决定人们的意识。"① 显然，所谓物质的第一性并不仅仅指物理世界的存在，而是包括了人的活动的自然和社会存在。因此，思维与存在的关系是实践性的，而不是纯粹的精神活动。这个问题应该是马克思1845年在《关于费尔巴哈的提纲》中首次明确指出的："人的思维是否具有客观真理性，这并不是一个理论的问题，而是一个实践的问题。人应该在实践中证明自己思维的真理性，及自己思维的现实性和力量，亦即自己思维的此岸性。关于离开实践的思维是否具有现实性的争论，是一个纯粹经院哲学的问题。"正是由于没有认识到这一点，所以历来的"哲学家们只是用不同的方式解释世界，而问题在于改变世界"。②

其次，改造世界虽然具有目的性和方向性，但也必须遵照客观规律。正是根据这个原则，马克思才把辩证唯物主义和历史唯物主义当作科学，而不是一般的学说或理论。据此，马克思考察历史和现实的一个基本结论，就是物质生产力决定生产关系，所以前者的发展总是与后者处于一定的矛盾或适应状态。《共产党宣言》中关于以往的历史都是阶级斗争的历史、资产阶级必然灭亡和无产阶级必然胜利等说法，依据的就是这个道理。但是，由于客观规律的制约，"无论哪一个社会形态，在它们所能容纳的全部生产力发挥出来以前，是决不会灭亡的；而新的更高的生产关系，在它存在的物质条件在旧社会的胎胞里成熟以前，是决不会出现的。"从科学的

① 《马克思恩格斯选集》第2卷，人民出版社，1995年版，第82页。
② 《马克思恩格斯选集》第1卷，人民出版社，1995年版，第16、19页。

角度讲，人类其实只能根据既有的条件提出任务，并加以实践。也就是说："人类始终只是提出自己能够解决的任务，因为只要仔细考察就可以发现，任务本身，只有在解决它的物质条件已经存在或者至少是在形成过程中的时候，才会产生。"①

第三，马克思之所以认为哲学的关键问题不在于解释，而是改变世界，是因为他的哲学道理与他的道德情感是相互支持、甚至互为因果的。由于实践的重要性，先验的道理即使存在也是没有意义的，而物质的第一性恰恰是针对认识的反映特性而具有意义的，甚至才是真实的。因此，真实的和有意义的存在是一种活动，也就是人对于客观世界和主观世界的认识和处理，即实践。这种处理过程和机制，就叫做辩证，所以与唯物论合起来叫做辩证唯物主义。按照这个哲学去看历史，叫做历史唯物主义，其中的关键因素同样是人的实践，叫做生产力和生产方式。于是，阶级斗争不仅是合乎逻辑地存在，而且也是由这种历史唯物主义来揭示的，根据这些结论提出来的改造世界的要求也就不是空想的、精神性的道德，而是被发现或揭示的客观规律本身。因此，马克思的哲学对于现实社会的融合，必定具有革命的性质和进行革命实践的要求，不信仰这一点，根本不可能真正理解马克思的哲学以及马克思主义。

作为真正融入生活的哲学，马克思的哲学具有某种预言的特性。这种预言既不是神谕和算命，也不是对未来的预测和规划，而是对于理想承诺的实践性和示范性，比如坚持人民性大于统治性。辩证

---

① 《马克思恩格斯选集》第2卷，人民出版社，1995年版，第83页。

唯物主义当然不相信"绝对",也就是不相信有任何不可认识的东西,所以就把规律的真实性交给了实践。在此意义上讲,真实的哲学是经由它对于现实的作用而具有科学性的,也就是解释力和改造力。同理,实践检验的无限多样性、丰富性以及相对性甚至不确定性,反而也使得实在变得更加真实了。换句话说,实在不再是本体之类的绝对本原或要素,而是具有意义的客观规律的载体,或者说是客观规律具有意义的确证。

不过,马克思的哲学所要求的原则太严格,坚持的承诺太困难,所以主流的(或者说学术圈子里的)哲学很难做到,相反,它们在与社会现实相融合的时候,更多的是出于不满的抱怨和绝望。从历史上看,中国哲学原本就是融合的哲学,但却常被误认为是没有哲学。中国哲学一直想编出一套解释世界和指导人生结合在一起的道理,所以并不在意分门别类,比如宋代邵雍、张载就都是把人也放到宇宙中,而且是宇宙的一部分。这里的高明之处在于一种循环意识,包括二十四节气,其实也是对自然循环规律的运用。不过,循环意识与近代以来的科学发展并不一致,更不会从发展的角度要求改造社会。比如,王国维就曾喟叹,自己原先对哲学研究很感兴趣,后来觉得"哲学上之说,大都可爱者不可信,可信者不可爱",无用且误人,"所以渐由哲学而移于文学,而欲于其中求直接之慰藉也"。①

其实,完全不关心现实也很难,所以即使是分立的哲学也有

---

① 王国维:《王国维全集》,第十四卷,浙江教育出版社,2009年版,第121页。

一些融合现实的东西，或者说是现实社会的针对性。比如，康德把
"意识本身"当成主体的精神活动，以此与宗教信仰的心理层次区
别开来；黑格尔针对提振民族精神的要求，把他的历史哲学整合进
所谓真实的"世界精神"。卡尔·波普尔对自己提出的"世界 3"
似乎也赋予了认识的现实性及作用，因为一方面这个世界是人类精
神活动的产物，另一方面则能够与自然界和社会产生相互作用。尤
其是"世界 3"包括价值形态的知识和客观存在的艺术作品，这就
使得形而上学对现实问题的关注成为可能，甚至不可避免。不过，
这些哲学状况对于现实的"融合"程度都很低，更多还是从属于相
应哲学本身的逻辑或安置。

　　所谓以抱怨和绝望为特征的融合的哲学，主要是一些针对社会
现实的有感而发，包括提出相应的价值取向和人生态度。在这方面，
最具代表性的当属存在主义哲学，因为尽管各种存在主义观点很不
一样，但总的和最突出的特征，就是针对现实社会的状况来怀疑、
批判、否定存在的合理性和合道德性。在存在主义中，萨特又可以
作为融合的哲学的典型，因为他抱有明显的道德感，并且一直对他
身处其中的社会忧心忡忡。

　　萨特经历过第二次世界大战的恐怖，并被关进纳粹集中营 11
个月。他认为存在是自在自为的，但正因为如此，存在又是偶然的、
绝对的、不可解释的、不可认识的、荒谬的。萨特以一种近乎胡扯
的方式来讲人的哲学，他突出并强调了人不断创造出自己的本质，
所以自由、本质、自为的存在、绝对的意识、选择等等这些东西都
是一回事。但是，人的这种绝对自由换来的却是无法摆脱的"厌

恶"，所以自由本身也不过就是"虚无"和"否定"。事实上，围绕存在，萨特哲学的主要概念和范畴几乎都是批判性的，包括虚无、荒谬、恶心、厌恶、他人、地狱等。但是，所有这些都是个人感受，没有逻辑，也不成体系。如果这也算一种哲学特征，那么尽管存在主义并不是一个精确的标志，被叫做存在主义的哲学家的思想和看法也不一样，但几乎所有的存在主义哲学的确都具有这种特征。不过，很可能由于萨特是从中观层面的生活角度来抒发情思和想法，所以他那些混乱的哲学更像是文学作品，反而更能吸引更多的人，或者说产生更大的影响。

从上可以看出，尽管都关注现实，但融合的哲学还是分为自觉的和不自觉的、积极的和消极的、正确的和错误的等各种情况。这里的原因在于，融合的哲学本来就不是无条件的，更不是自娱自乐想出来的，所以即使不谈思想或观点的正确与否，如果它要想具有合理性和实效性，必须具备若干基本条件。其一，某种哲学所说的道理不仅要合乎现实，适应具体的情况，而且相应的理念或提出的办法不能只是抽象的原则或空洞的要求，以至于根本无法实践。其二，即使是可行的主张或办法，对于相应道理的遵从不能靠强制，而是要符合绝大多数人的利益，并且能够得到大多数人的理解和认同。其三，哲学思想和具体的道理都不能僵化，要使历史和现实都具有开放性，从而能够针对变化的情况进行调整，避免过时或失效甚至成为阻碍。

显然，这些基本条件的具备本身就需要动力。在此意义上讲，对融合的哲学的真正影响是随着社会变化而来的利益趋向，而就其现实性和形式特征来讲，这种社会变化指的就是现代化。事实上，这种变化中的融合的哲学就是现代化的道理，也就是现代化的价值导向和抽象形式，并由此形成新的哲学基本范畴。之所以说这些基本的哲学范畴是"新的"，一来因为它们是伴随着文明变化形成的，之前不曾有过，另一是因为哲学界似乎也未曾见到过这样的说法。换句话说，这种融合的哲学是我总结发现的当今哲学的现实样貌，而不是哪个（或哪些）哲学家说过的什么观点或提出的什么思想。

随着文明的变化，每个领域在讲道理的时候都有自己的基本范畴，也就是该领域的各种话语都围绕和依据的核心含义及概念。反过来讲，由于范畴是概念的概念，或者形成概念的工具，各领域总是会有一些相应的基本范畴，才能够形成和运用对于该领域的理解、表达、指令、运作。从历史角度讲，融合的哲学自第二次世界大战以后随着文明的变化逐步产生了自己新的特征，其突出表现就是形成了相应思维习惯和价值导向的基本范畴。

所谓基本范畴，在此就是指思考、说话、计划、研究的时候不得不用的共识标准，而且正是这些共识构成了哲学起作用的思维和意识工具。这些共识之所以具有融合的哲学的特性，在于它们所具有的价值导向和交流标准的作用，否则社会现实就可能难以理解。不过，这种状况并不是哲学家自觉行为的结果，而是社会及其文明变化带来的伴随现象。因此，虽然一些共识形成或具有了基本范畴的性质和功用，但它们在使用的时候反而并不一定需要说出来，而是像时间、长度、重量等自然范畴一样，工具性地支撑着我们的观念运行。

比如，当人们好像理所当然地说到创新驱动、拉动消费等话题的时候，必定有一个支撑这些看法和做法的共识标准和价值导向，而这就是作为基本范畴的"发展"。换句话说，"发展"这个基本范畴所具有的思维习惯和意识根据的功能或作用，已经使得"创新驱动、拉动消费"等要求和做法成为理所当然。相反，对这些要求和做法加以质疑反而是不可理解的，甚至是不道德的。事实上，出现这些新范畴的情况已经成为集体无意识，否则当今的人们不仅无法正常进行话语沟通，甚至连有意义的思维都很难实现。

简括地说，产生上述情况的主要原因有三个。首先是安全，不仅人类经过两次世界大战自己把自己打怕了，尤其是核武器无差别毁灭的威胁使得几乎所有人都不敢不维持和平。其次是现代化发展中被认为是好的事情向坏的方面的转化，比如环境污染、气温升高、极端天气、瘟疫频发等。更为严重的是，即使已经开始想方设法阻止这种转化，实际情况却仍然是继续恶化。再次是社会活动中的你、我、他不分。不仅所有产业、行业、技术、存储、运输、销售、研发等活动都不是单独一家的事，而且包括说话、爱好等个人行为也自觉不自觉地被广告化的时尚所裹挟，甚至左右。

在上述境况中，哲学中已经没有了"主体"的位置，或者说主体对哲学的研究和运用已失去了意义，就好像包括人类活动和自然运行的一切都被搅和成了黏糊糊的一锅粥。这种融合的哲学的实际样貌，就是哲学道理在各领域的形态及其作用，所以对各方面需要和各种用途都适用的共识，就成了相应的基本范畴。这些基本范畴并没有被哪个（或哪些）哲学家抽象出来，并得到认同，但已经作为集体无意识，成为人们进行思考和言说的判断根据和沟通标准。

根据我的研究，哲学本身的基本范畴和核心概念就是问题与答案，而且至少在政治、经济、社会、文化等主要领域已经形成了相应的基本范畴。大致说来，政治领域的基本范畴是"发展"和"溃灭"，经济领域的基本范畴是"划算"和"竞争"，社会领域的基本范畴是"直接"和"间接"，文化领域的基本范畴是"界限"和"自由"。不难看出，与其他三组基本范畴的对应类型不同，划算和竞争是并列的，而这是由经济的特殊性决定的。当然还可能有别的基本范畴，但至少应该是这些，况且既为"基本"，多了反而无益。①

3. 道理的道理

不难理解，上述分立和融合只是从形态特征的角度来描述的哲学结构的两个主要方面，并不是哲学史的全部内容。然而这就暗含了一个问题，或者说揭示了一个事实，即我们之所以能够这样描述哲学的历史结构，在于并没有什么叫做"哲学"的定义。

尽管我认为哲学是道理的道理，但这并不排除可以有其他解释，因为"是"作为问题本来就包含多种是"什么"的答案。比如，从学科上看，《简明不列颠百科全书》有"物理学""心理学"等许多学科词条，却没有"哲学"。但是，没有定义并不妨碍人们言说

---

① 关于这四个领域中的基本范畴的论述，见孙津：《哲学的样子》（团结出版社2022年版），它们是完全按照"问题与答案"的思想、道理和观点去写的。

和使用"哲学"这个词或概念，好像大家都知道哲学是什么的意思似的。这种情况当然可能、实际上也常常引起误解，但整体说来恰恰表明这种情况就是哲学的真实含义。事实上，不仅哲学，很多知识其实都是在运用中具有意义的，也才能够依具体情况得到学科的归类。也许正因为如此，《简明不列颠百科全书》虽然没有"哲学"词条，却有"哲学的人学""哲学上的激进主义者"等与哲学有关的词条。同样，那里也没有"文学"和"艺术"词条，却有"文学类型""文学评论""小品文学""文艺复兴时期艺术""艺术家小说""艺术与手工艺运动"等与文学和艺术相关的词条。

对哲学不做定义的教科书就更多了，但从来也不妨碍它们大谈哲学，教授学生。当然，没有定义不等于没有指向，甚至有时候特征化的表述似乎更显得智慧，比如只说"哲学是一种对真理的探索"。[①]根据这种探索，作者从人的本质、伦理学的道德研究、宗教哲学、认识论的知识研究、个人哲学等方面阐述了哲学的主要内容及相应作用。在这些论述中，"哲学"的定义完全被抛在一边，因为这些论述本身就是一种对真理的探索。由此不难看出，哲学作为一种行为（包括思索）过程，并没有、更不是既定的或先验的一套规则或规律。

其实，即使做了明确的定义，有时候也说明不了什么。比如，《新华词典》说哲学是关于世界观的学说，是自然知识和社会知识

[①]　[美] J.P. 蒂洛:《哲学——理论与实践》，古平、肖锋等译，中国人民大学出版社，1989版，第11页。

的概括和总结，或者自然科学和社会科学的结晶。这个简洁表述的含义其实是模糊不清的，因为且不说自然和社会的两种"科学"是不是一回事，至少它们是怎样"结晶"的以及结晶成了什么也确实都是不甚了了的。不过，"结晶"一说的确很形象，很有特征，因为在我看来，它所表示的就应该是"道理的道理"。经验告诉我们，所有事情都有其道理，所以如果我们把所有知识分为自然科学和社会科学两大类，那么能够作为它们的概括、总结或结晶的东西显然就是道理的道理了。

当然，道理的道理作为一个概念并不像什么东西或过程的结晶，也不是指所有具体道理的总道理，而是一种根据，即道理本身的存在根据。概括、总结、探索乃至结晶，这些词汇都暗含着动词的性质，表示已经做了什么以及正在和将要做什么。因此，道理的道理是一个复合名词，但它的词性则是表示由某种行动形成的名词，就是指为什么所有事情都有其道理，也就是"道理"这种东西本身的根据何在、如何运行、有何作用。

从本质上讲，由于判断总是暗含着"为什么"的追问及其意思，哲学才是道理的道理。分立的哲学把道理的道理当成特权，从而让这种道理自己沉思自己，叫做"反思"；融合的哲学也把道理的道理当成特权，但谋求对象性地为世界解惑，以及指导世人。因此，上述两种情况可以并行。与此同时，哲学本身也依然可以没有通行的定义，同时并不妨碍运用。这种情况表明，一定有某种支撑道理的道理的共识，否则哲学既"说不通"也无法告诉人们如何"做得对"。由于是共识，所以是否存在先验的东西（比如规律）是没有什么现实意义的，而且对道理的道理的理解只从相对于宏观或微观的中观层次来讲就可以了，甚至也只是针对中观的存在才具有或体现出道理的现实性和实践意义。

哲学从一开始被发明出来其含义或意思其实就是道理的道理，只不过以前由于世道还能够蒙蔽认识，所以这层含义或意思并不明显。近代以来，不仅教会和政权不再能垄断知识，而且教育尤其是高等教育本身及其普及也使得科学和技术成为完全世俗化和中立化的知识。到了 20 世纪，知识不仅越来越直接服务于生活，而且和生活的界限或区别也越来越模糊。于是，道理的道理不再是哲学家的研究专利，甚至也不再是固定的研究对象，而是成为所有人心照不宣的认识前提和经验体会。这种情况的现实性还在于，即使有一些道理的道理几乎没有办法得到公认，但也不妨碍它的存在以及被运用。比如，爱国主义应该是当今社会最大和最真实的共识性道理，但面对国际冲突尤其是国际战争，这个道理就分裂成或体现为敌对的各方。或许，这种看似矛盾的情况恰恰表明，那些还没有普遍共识的道理已经预设或指示出了所有各方都必须面对的共同问题。

现在，至少由于两次世界大战和连绵不绝的局部战争对和平稳定的否定，以及民主化、均等机会、社会纵向和横向的流动、相应的信息手段等情况，观点的一致和思维方式的一致已经不可能。因此，哲学对"思想本身"的研究不仅越来越不真实，而且简直是毫无用处。在这个意义上讲，哲学的结构性变化就是放弃了从逻辑角度来找寻和论证绝对真理，从而才可能通过现实经验的共识来间接地处理真理问题。在这方面，经济学就是一个最典型的例子，也就是说，有利的和没利的做法都被做成了普遍的知识，真理也就随着实践的结果以及现实的需要被重新裁定。不过，经济学在处理真理方面的成绩实在不佳，因为它几乎就是教授学者们的自我游戏，以及对已有经济结果的事后总结或裁定，甚至是自作聪明的"马后炮"。

事实上，不仅仅是经济学，各方面这种重新裁定的根据或动力，都在于现实利益的需要。比如，当惧怕核武器的时候，单向度的军事打击思维就被放弃了。但是，至少由于需要维持利益最大化和竞争优势，核武器本身又不能放弃，于是当几个核大国出现的时候，他们就共同商定或同意不再允许别的国家发展核武器。显然，这种主张和做法是一种非道德的道德或不讲道理的道理，也就是只许州官放火不许百姓点灯，但它们却成了现实的道理的道理。因此，绝对真理、实在等东西并不是自行消失了，而是在一种情况成为常态的时候失去意义了。这种常态化的情况就是，几乎所有思想都在各持己见的同时，自觉不自觉或情愿不情愿地承认别人或对手的话也有道理。

由上也可以看出，之所以存在哲学不好定义，但有没有定义却并不妨碍运用这种情况，很可能是因为道理的道理并不是固定的。在实际运用中，这种不固定性看起来似乎是一种非道理、没道理或超道理，但它的实质应该是社会或文明的变化。所谓文明变化，不仅是方方面面的物质手段，更重要的是群体的思维方式。比如，科学技术的所谓进步，使得人成为无所不能的存在，所以不管是对待自然，还是对待自己以外的别人，道理的道理反而成了一种权宜。

在这种变化中，人们的对话之所以可能，并不仅仅在于使用了已经被认同的语法，更重要的是人们相信和理解各种现实的存在，而这些存在就在一段时期内成了人们思维的习惯和材料。久而久之，这种情况会造成认识上的局限，而这些局限的被打破，或者说新的认识的产生，则取决于现实存在所发生的变化给人带来的特定利益。正是这些特定利益，决定了人们对于哲学的态度，包括对道理的道理的使用方式。

道理也被认为是"规律"，而且它是客观存在的，因此按照唯物主义的认识论，道理的道理就是由人发现并被人认识和运用的"规律"（以及原因、真相或真理）。然而，在上述情况及变化中，分歧的合理与合法已经成为集体无意识，并真实地将分歧本身当作共识来运用。比如，不管如何理解所谓民粹主义，只要扣上这个帽子，不同的或混乱的看法和主张都会一起加以反对。因此，不管有没有规律，也不管它是主观的还是客观的，总之都是人所认识到的东西。换句话说，道理总是被人所"知道"的，甚至就是这种"知道"。因此，尽管可以指出或证明某个"知道"的具体内容是否真实合理，但"知道"这个功能本身无所谓对错与否，而且也不足以构成所有道理的确证。

于是，道理的道理作为现实的哲学必然或只能以问题与答案的形式来支撑，并由问题与答案的关系互动构成具体的内容。在这个意义上讲，人的位置应该是功能性的，也就是处理问题与答案的关系互动。与此相应，哲学的基本功能及其形态也就是设置问题，而历代哲学家对各种道理殚精竭虑、想来想去，其实也就是在不断地

设置问题。由于问题就是"知道"的载体和形式，所以答案就必然
是"知道"的内容，也就是问题自身的展开。显然，"问题"的设
置对象也包括人自己在内，而且由于有了人的介入才具有了"意义"
的动词性存在，也就是"判断"本身的本体论。

　　事实上，道理原本就包含多重意思，比如规律、原因、真相或
真理等，所以为了说明道理，历来哲学才总是要求语句或话语必须
准确，甚至精确。但是，至少从经验层面或生活现实来讲，这种要
求根本没有必要，而且要做到这种准确或精确也几乎是不可能的。
比如，对于"要养成良好的生活习惯"这句话，几乎没有人觉得自
己听不懂，也不会认为有什么不对头的地方。然而从哲学的要求来
讲，至少这里的"良好"是什么意思就不清楚，所以这句话的针对
是什么也就不清楚，以至于整句话都不合理，或者说所说的东西或
意思就不存在。又比如对于美国民众抗议中的"反亚裔仇恨"一说，
其意思到底是反对"亚裔仇恨"这种仇恨的性质或类型，还是反对
"由于"亚裔带来的仇恨或者"关于"亚裔的仇恨，抑或是反对
"仇恨"亚裔，其实都不很确定。不仅如此，从表述上讲这句话甚
至还可以解释为主张"反对亚裔"这种仇恨。

　　各种情况变化以及道理的多重含义表明，问题如果具有意义，
就不能是静止的，所以它对于各种因素的选择和安置结果，就是一
种分词形式的名词性宾语。之所以说"分词"，是指英语的系动词
和不及物动词，也就是作为展开了的问题的答案。有问题就要，或
就会有答案。但是，这个答案并不是对象性的存在或另一种情况，
也不是因为有了这个答案就把问题"解决"了。相反，问题一经提

出，结果或前途大致有两种情况。一是不停地转化，也就是变成别的问题或什么东西（包括神秘），另一就是使问题本身失去意义，而这往往也就是答案的成就，即把问题"解决"了。换句话说，作为问题的自我展开，答案从来就不是、也不可能是对象性的。比如，改革开放以来，农民"负担"一直是所谓三农问题的重要部分或内容，不过从概念的成立及其内容来讲，"负担"的真实含义是各种"困难"，尤其是"额外的压力"，而不是"问题"本身。因此，通过各种减负、减税、扶贫、外出务工等做法，"负担"作为问题或者失去了意义，或者转化为如何不再返贫和实现共同富裕等具体的工作，也就是各种"答案"。

因此，道理并不是终极的，即使存在所谓客观的自然规律，这规律也很难保证永远不变，甚至于宇宙，也不能说以后某个时候不会生成与现在不一样的规律。也许有永恒的道理的道理，但从使用的角度讲，概念和范畴也都是历史性的，比如 16 两 1 市斤的度量就放弃了。事实上，尽管时间和空间以及两者的关系一直没有定论，或者还说不清楚，但从来也不妨碍人们知道做某件事情和另一件事情需要不同的时间和空间，也知道这两者之间的差别。因此，不管这些道理如何，它们同样也从来就不妨碍人们知道某个地方与另一个地方的大小不一，以及这两个地方相距有多远，需要走多长时间。这里的原因，就在于时间和空间都被当成了范畴，它们即使不一定就是道理的道理，但肯定是思维和行动离不开的工具，从而实际上成了哲学最主要的和最基本的根据。难道"道理的道理"这种表述不就是指一种根据吗？

　　真实的哲学就是具体的道理，变化中的文明也需要自己的道理，而在这里所说的就是各个领域相应具有的自己的道理。哲学有自己的范畴，但哲学如果是"有用的"，首先就要在人类生存和活动的各主要领域具有自己的应用范畴。新范畴是一种结构性生成，最突出的就是文明变化中的新范畴。由此，我把哲学看作道理的道理，暂且不用管这种道理是否具有客观的规律性，总之都只能是被认识的道理。在此意义上讲，真实的哲学是经由它对于现实的作用而具有科学性的，也就是解释力和改造力。

　　如果存在规律，那么它的先验与否只是作为问题才具有意义，而且经验也不是完全自主没有制约的。因此，不仅问题的形成和提出需要根据既存的问题"因素"，而且这些因素的具体运用就是答案，所以就像人们常说的，提出问题就暗含了解决问题的答案或方向。严格说来，答案甚至是问题的根据或理由，因为问题虽然以"为什么"的方式提出，实质则潜在地指出了"是"的内容，而任何对于"是"的判断都是由判断者认为自己已经知道了的东西为依据的。由于说明和解释这些"是"为什么是"是"以及是"什么"，不仅一个问题必然包涵多个答案，而且这些答案的内容与问题的指向并不是一一对应的，或者说，不同的答案可能对应或适用同一个问题。

　　经验告诉我们，思考一旦启动，就要做判断，也就是提出问题，而有了问题就要或就会有答案。从这个角度讲，似乎是有了问题而后才有答案。但是，无论是人发明哲学还是提出问题，都不是随心所欲的，也就是都有相应的制约。这个制约就是既存的、可以供人思考的东西，也可以叫做问题得以形成或提出的因素。这些因素从来就不是先验的东西，包括所谓客观规律，而是现实的、不断变化的存在，包括由人在提出问题以及"解决"问题这个过程中的各种想法和做法所构成的新的存在。

前面说过，哲学本身的功能就是制造和设置问题，但由于答案不过是问题的展开，所以问题与答案又是可以相互转换的，包括生成新的问题和开启另一个问题与答案的境况。正是这种问题与答案的关系互动，构成了哲学现实的结构。如果说问题是无中生有的内容，答案就是各种"有"的形式。人想来想去，总觉得会有一个为什么的答案，于是哲学就被发明出来了。因此，哲学就是自问自答的形式，而在这个意义上也可以说是"问答主义哲学"。

很显然，哲学作为道理的道理不仅要指出道理是怎样的，而且要解释道理为什么是那样的。指出道理就是一个命名，但不仅仅是赋予名词，更重要的是设置了问题，因为这种道理的指出必定也是一个命题。因此，命题的谓词同时也就包含了多种答案，它们所揭示的和需要解释的内容就是是什么和为什么。相对说来，"指出"是问题，"解释"是答案，所以问题是谓词，答案是宾词。问题与答案于是构成哲学本身的基本范畴和核心概念，而一个问题多种答案则作为道理的本体论形态，成为哲学本身与生俱来的基本特性。

4. 小结

近代以来的哲学在整体结构上有两种基本形态。一种可以叫做分立的哲学，就是脱离实际生活，寻求在逻辑上证明主体所认为的道理如何"说得通"；另一种可以叫做融合的哲学，就是不仅关注现实生活，而且相应理论是针对社会现实而具有意义的，所以在说得通的同时谋求"做得对"，即成为解释和改变现实的思维方式和价值导向。作为道理的道理，哲学的功能就在于设置或提出问题，而答案则是问题的自我展开。具体的答案并不是对象性的另一种存在或情况，也不是因为有了这个答案就把问题"解决"了。相反，问题一经提出，其结果或前途或者是问题的不断转化，或者是问题本身失去意义。这种情况的突出特征，就是哲学的味道：变换无穷，却又了无痕迹。

但是，人们自觉不自觉、或者说习惯上仍然认为存在某种"规律"，所以如果按照规律办事是"对的"，那么现实中也就有了相应的"应该"如何，而其根据则是符合所谓"必然性"。其实，那些规律和应该在极大的程度上都是想当然的，而为了指出并说明这一点，就不得不引出关于问题与答案的话题，以及相应的应对办法。这种"不得不"就是当今哲学的真实境况，也是值得写出以下各章节文字的理由。

第二部分

　　设置或制造问题是哲学的实际功能，所以接下来要讨论的，就是哲学设置的基本问题与其答案的关系及其互动状况，实际上也就是这些问题可能的展开形态。不过，第七章的"分类与参照"同时又是从整体知识形态的角度所做的方法论分析，所以将它单列为第三部分。

　　第二章到第六章各章标题所标识的，是问题与答案内在的互动关系所包括或体现的各主要方面，或者说是这种关系的各基本类型。这些方面或类型既是结构性的，即问题与答案互动关系得以建立的基本构成部分，也是功能性的，即承担并实施或体现了问题与答案的真实互动。在此意义上讲，它们就是问题展开的主要方面和内容含义，同时也是答案实现这种展开的主要方式和途径。与此相应，每章各小节标题所标识的，大致就是问题与答案关系互动的基本情况，主要包括相应问题展开的功能载体、作用形态以及价值意义。

从道理的道理来讲，以下各章标题的词汇所表示的都是哲学的基本范畴和核心概念，也就是哲学活动得以实施的基本思维方式和交流工具。相对说来，第二章主要讨论的是哲学的最一般和最基本的根据，其中选择是问题、存在是答案；第三章主要讨论的是认识和言说的可能，其中命名是问题、指称是答案；第四章主要讨论的是知识的含义和意义的作用，其中说明是问题、陈述是答案；第五章主要讨论的是行动的普遍性，其中真理是问题、行动是答案；第六章主要讨论的是集体行为的维系，其中体验是问题、交流是答案。

第二章　选择与存在

从逻辑上讲，有了存在才可能有选择。但是，存在的本体论包括两个主要方面。其一是存在"存在"。这应该是指有一个或一种叫做"存在"的东西，所以这个判断表示的是某种客观事实，当然也是与这个事实相应的道理。另一是"存在"的存在。这应该是指一种根据，也就是为什么说以及用什么来证实"存在"这个或这种东西是存在的。在"其一"的情况中，不管对于那个存在的东西的判断对不对，都不否定存在的客观性，或者说这种存在是一件真实的事实。"另一"的情况就不同了，这里没有固定的主观和客观、正确与错误之分，一切取决于由什么来构成需要的或应有的根据。

上述两个方面的情况所体现的范畴性功能，就是选择。在存在"存在"中，选择的功能在于相信，也就是以某个东西是存在的为进行具体判断的前提；在"存在"的存在中，选择的功能在于怀疑，也就是如何为真实的存在提供可能的道理。不难理解，选择这种功能一定是指主体、即人的功能，因为即使人以外的其他生物也具有选择功能，也与人的哲学活动无关。但是，这里的"选择"并不是指某个具体的行动，也不是指选择某个东西，而是指人的思维活动普遍的功能形式，所以严格说人也是因为、至少是经由选择才成为人的。

不过，仅限于讲人的选择功能并不全面，而且很容易在思维与存在的关系上成为所谓主观主义、唯心主义或者主观唯心主义。因此，严格说来选择虽然是一种功能，但其真实含义却在于随时随地都在发生着的某种事实，所以存在才可能是因为选择而具有意义的。没有选择并不至于使存在不成立，但只有选择的实施才使存在与否、如何存在、存在什么成为问题，也就是成为哲学内容。换句话说，选择本身作为问题，使得作为潜在的答案因素的存在具有了真实的内容。这些内容在形态上包括物质实体和精神产物、自然现象和社会活动，它们都作为现实的存在而成为选择的答案，并且使存在具有了意义。因此，相对说来选择是问题，存在是答案，而且在这个意义上讲，有选择才有存在。

比如，当转过身看不见原先的东西的时候，只能选择是否相信原来看见的东西还存在。这种选择包括使用工具，比如用某种自动的机器一直在拍视频，同时发给某个人使他能够在不同角度看到所拍到的内容。然而即使这样，也还是会有疑问，比如是否相信这些视频不会造假、是否确信机器不会出毛病等。其实，当平时不注意周围环境的时候，并无所谓是否知道、确证以及相信这些环境的存在，只有当需要或愿意专注某些东西时，才知道或确信这些环境以及其中某些东西的存在。

甚至，速度和名称等等与物体相关和不相关的外在因素也会影响存在，比如在高铁列车经过车站的时候，车内的人可能由于车速太快看不清车站的牌子。在这种情况下，如果那人之前不知道这个地方，也就不知道或不确定这是什么地方。如果选择事先做好准备，等火车经过的时候努力地查看站牌，也许能够在一瞬间认出地名，但这是因为地名而不是车站的真实样貌而相信火车到了或经过了某个真实的地方。事实上，不管能否看清站牌，确定这个车站的存在都不是靠站牌上的字，而是靠某种记忆，比如你以前来过，或者曾经查阅过相关资料，也就是选择自己已知的知识来确定某种存在。如果没有这些记忆，也就是第一次来到某个不知道地名的地方，那么无论是否看见车站牌子以及认出地名与否，存在的也就只是这个字词。

即使是在前面说过的最玄妙的分立的哲学那里，哲学家的思考仍然离不开选择，比如胡塞尔的意象本身就是一种选择。思维只是认识的工具，所以不可能内在于认识，胡塞尔创造一个叫做意象的东西来达到纯粹的存在也是选择的结果，所以并不纯粹。哲学总是不满意或不满足"有"思维与存在的关系，所以总是探究这个关系的根据。针对于此，也可以说"选择"就是这个"有"的功能体现或载体形态。因此，选择的形而上学含义在于，有选择才有存在。选择与存在作为一对基本范畴，摆脱了思维与存在的纠结，具有哲学自身活动的本体论意义。本体并不是存在，而是存在的根据，所以又叫做本原。

其实，哲学之所以关注思维与存在，主要就是以人具有思维这个功能为前提的。然而正因为如此，思维与存在其实是不对等的，也就是说，思维是当然的，无可怀疑的，但存在是否存在就很难说了。无可怀疑不是确信，而是本身不存在怀疑与否的判断。在此意义上讲，选择作为范畴并不仅仅在于它有用，更因为事实只能如此，也就是由选择排除了思维的无条件性，否则"本体"就无从安置。因此，选择是从其具体功能剥离或抽象出来而具有范畴意义或作用的，也就是成为对先验和经验都有效的普遍或一般根据。有了这种剥离或抽象，存在才可能作为选择的针对及其状态而相对独立，并作为这种独立的结果而具有意义。

显然，说明白选择与存在的这种关系是困难的，尤其是哲学界似乎还没有关注这方面的论述。因此，我在此所做的努力也只能算作一种初步的尝试，而且这种尝试还有一个必需的前提，即我并不假定这个世界的存在，甚至也不假定"是""所有""有"和"选择"是真的，但我假定并相信这一切都是可理解的。大体说来，对于选择与存在的功能形态及关系互动的讨论分析包括三个基本情况和主要方面，即主观与客观、选择对于问题的设置、存在的条件。

1. 主观和客观

在第一章我们说过，笛卡尔"我思故我在"的麻烦在于，在他的"我"还不在的时候就有他的"我思"了。如果要消除这个麻烦，至少那个"我思"中的"我"不能是"我在"的"我"，而"我思"中的"思"也不能是"我思"的"思"。这个做法就是选择。比如，可以确立"我思"是一个事实，至少是一种可能，作为进行各种判断的基础。选择不同于假定或假设，假定是一种方法，选择不仅是一种方法，更是一种本体论根据。也就是说，选择是存在的本原，因为存在是经由或依靠选择而具有真实含义的，包括存在本身以及所有各种存在，比如"我思"的存在。不过，就像存在可以仍然处于怀疑之中一样，我并不假定"选择"的存在，而是把它看成逻辑的必然。

选择对于各种可能的确定有两个作用。其一是为判断提供了逻辑的和现实的基础，也就是确立某种存在是有的，至少是可以有的。其二是终止了对于存在的"有"的根据的追问，以避免产生无限不循环的悖论，或者言语的词穷，也就是维特根斯坦所谓的语言不能言说语言的结构本身。因此，与纯粹的思辨不同，选择依据的是经验层面的事实，或者说，选择的思辨也是针对经验事实而具有真实含义的。比如，当一个人不敢相信某件事，怀疑自己是否在做梦的时候，他可以选择叫别人掐他一下。这样，如果他被掐疼了而当下的状况并无变化，就可以证明不是在做梦了。

由于选择是对于各种可能的确立，所以就将人的意识或认识分为主观和客观两种，相应的载体就是主体和客体。不过，主体和客体并不等于主观和客观，而且两者也不是同一属性，前者的双方都是一种"存在"，而后者的双方则是某种功能或形态。由于主体就是指人，所以一般说来客体是指人以外的存在，包括自然界和人类社会。不过，也有一些相对而言的客体。比如，对于"我"这个主体来讲，"你"和"他"甚至"我们"都可能是客体，同样，精神世界或观念性的东西作为认识或研究对象也可能是客体。因此，宽泛地说，所有对象都可以是客体，从而主体与客体的关系是相对的，它们的位置是可以互换的。

　　主观和客观可就复杂多了。主观是指主体的看法或意愿，客观则既可以表示对象性的事实，也就是某个或某种所是的东西，也可以表示事实的真实性，也就是所是东西的性质。因此，从功能的"发出"来讲，选择是由主观的意愿才成为问题的，但这并不是主体的随意，而是不得不选择。这样讲的道理或根据就在于，主观和客观的"观"的意思是不一样的，如果从作为主体的人这个角度来讲，只有主观具有"观"的功能，所以客观的"观"根本就不存在。因此，选择就把客观作为支持主观的合理性的一个证明，尤其是经验上的证明。比如，我们说"逻辑上讲""理论上讲""按道理说"或者"一般说来"的时候，其意思是指按照已经被认同的道理的预期，或者按照大概率的情况来看，会出现的什么结果。因此，这些说法有着很明显和很大成分的主观性质和特征。相反，我们经常会用"客观地说"来表示某种真实性，也就是说，即使有些道理或情况没有被所认同的理论考虑到，但实际上（即客观上）也是存在的。

　　但是，道理的预期或大概率、客观上或实际上，这些假设或状况本身就是选择。因此，从"观"这个功能的普遍性来讲，选择本身作为功能性事实也是客观的，并且形成了主观与客观的各自存在及相互关系。比如，当你面对镜子的时候，你可能有时觉得自己又老又丑，有时却觉得还比较好看而且也不算老。这些差异的原因是什么，或者说到底哪一种情况为真呢？比如，这是因为镜子的原因，还是心情的原因，抑或是身体的原因。作为选择，答案应该是都有

可能：也许是因为镜子的质量不好，叫做客观；也许是出于心情的
变化，叫做主观；也许是身体、心情、镜子质量等因素都有，叫做
主观和客观兼而有之。但是，作为对某种或某些可能因素的确定，
进而也作为主观的评判和客观的验证，所有这些选择都是有意义的，
或者就都是有意义的选择。

　　所谓有"意义"，在此指的就是"问题"，也就是有了真命
题，可以由此展开为判断、认识、计划、指令、行动等各种答案的
真实内容。不过，由于主体与对象的关系，各种意义在理论形态上
就被分为不同的科学学科，其最大的类别就是自然科学和社会科学。
这种划分并不是工具性的简单归类（关于这一点第七章还要专门讨
论），而是某种道理是否合理或正确的标志，也包括这种合理或正
确的程度。比如，普遍的或大多数看法都认为社会科学不如自然科
学"科学"。大致说来，这样看的主要原因有两个。一个是说，自
然是客观的研究对象，所以验证它们的标准对于不同的看法都是通
用的，甚至是一样的。另一个是说，社会科学的绝大多数内容本身
就是非标准性的，也就是包含或混杂着很多主体的和主观的因素，
包括立场、观点、利益、偏好等。

　　上述看法有一个普遍而严重的误解，就是认为"科学"的功能
特性在于存真，也就是符合对象的真实情况，或者叫做符合客观规
律。按照这种看法，其实只有自然科学具有科学性，可以叫做科学，
而所谓社会科学不过是借用了自然科学的科学性，并把它作为合理
性来使用罢了。至于所谓人文科学，也就是学科分类的一个代号而
已，因为它的科学性连社会科学都不如。或许，研究或认识对象可

以自在自为地存在，又或许存在相应的那些不以人的意志为转移的客观规律，但是，它们如果不是作为主体（即人）的"知道"，就永远也成不了道理或科学，而且它们也无所谓是否具有道理和成其为科学。正是这个"知道"，表明真正的或真实的科学性恰恰在于社会科学，而不是自然科学。不过，误解在很大程度上恰恰也来自社会科学本身，即社会科学在主体认识和运作对象的内容及相互关系方面的复杂性。

具体说来，社会科学中的对象可以分为两大类。一类就是具体认识活动的对象，它们不管是自然物质、精神世界、社会活动、还是别的什么东西，都具有客观性，或者说都可以作为客观对象，甚至也可以假定它们具有自己的客观规律。就这种规律不以人的主观意志为转移来讲，主体相应的研究也是客观的，可检验的。另一类对象所包含的要素至少可以分为三种，一种是认识内容与对象的相关性和一致性，一种是认知形式和认识水平的客观性及历史性，还有一种认识对象、认知形式以及认识水平对于认识（包括行为）主体的客观制约性。正是由于这些情况，社会科学研究对象的存在以及对它们的运用，才时时体现出它们与主体所处位置的相对性，也就是相互包涵、相互作用以及相互转换。①

其实，自然科学的"自然"也不完全是没有生命的物质存在，动物、植物、细胞、细菌、病毒等就是"活的"东西，甚至人自己

①　关于自然科学和社会科学的真实含义及相互关系的较为的详细论述，可见孙津：《社会政治引论》，中央编译出版社，2004年，第31-36页。

的组织结构也都是自然科学的研究对象。因此，自然科学的对象之所以被认为是客观的存在，自然科学之所以被认为具有科学性，一定另有原因。稍加比较就不难看出，这个原因就在于自然科学的对象本身不会"说话"，或者即使说了人也听不懂。相反，社会科学的对象不仅会说话，而且这些话语大大地制约着研究主体的选择，包括影响、甚至左右主体的看法。

　　因此，作为对象的人如果说话了，相应的研究就成了"社会科学"，或者具有了社会科学的性质或因素，比如经济学、管理学、心理学等，甚至考古学，因为它要面对诸如铭文、碑刻等记录了"说话"的物件。换句话说，科学原本就是人所知道的道理，而不是所说的东西本身，所以只能由人的话语构成，与道理的客观与否没有关系。表面上看，把对"存真"的探究和认识叫做科学是由于或者为了尊重客观存在或事实，然而实质上则是人的自傲自大，因为这恰恰是人自以为是的"知道"，以及人对自然的判定和立法。为了掩饰或回避这一点，就说无数的、实际上是没有尽头的相对真理，展示着通向不可能到达终点的绝对真理的探索之路。

　　从上述情况可以看出，主观和客观的区分根据或标准，在于主观的"观"与客观的"观"含义不同，作用也不同。主观当然是指人的功能，所以作为问题的选择，它的"观"就是看法，其作用则是用"说服"的方式来论证、阐述并让人相信相应的道理，而且这些道理往往也就是"说服"本身。比如，我们这里正在讨论的哲学自不必说，都是主体自己的看法，即便是讲求事实真相的历史学，其本质也是当下某种观点、甚至需要的看法。这并不是说主观可以随意制造什么东西或制定什么规则，而是说不管真实的还是虚假的道理都是以主体的看法为载体的，而且这些道理的内容在很多情况下以及在很大程度上就是由让人们相信这些看法的"说服"构成的。这种情况在经济学那里尤为突出，因为经济学家总是希望人们相信他们的看法，但经济学根本不具备预测经济走向的能力，于是为了让人们以为它有这个能力，就需要在"说服"方面下更多的工夫。

客观的"观"并不是客体的功能，因为至少自然科学中的对象都不具有"观"的功能，所以要想了解和知道对象的情况，只能由主体"代替"它们来实施"观"的功能。如何证明某种"代替"的"观"具有客观性、合理性和真实性呢？只有一个办法，至少自然科学只承认这个办法，就是能够"看见"，包括证明或证实"看见"的各种手段。于是，与"说服"一样，"看见"就是证明道理的客观性的方式，甚至就是相应道理本身的内容。比如，为了能"看见"宇宙是什么样的，在干什么，科学家们在全球各地设计建造了若干庞大的射电望远镜阵列，以及相应和相关的研究设施，也确实看见或发现了一个又一个之前不曾看见的星体、星系以及各种宇宙现象。"看见"的实质在于能够感知到或经验到，所以也包括听到、触到等形式。比如，对于原子、基因、病毒等那些肉眼看不见的东西，都已经能够制作出相应的图画或图谱。甚至在极其微观的量子世界，荷兰和德国的一些科学家合作，借助扫描隧道显微镜探测到了磁量子的相互作用，也就是间隔 1 纳米的两个钛原子互相"感知"到了彼此的自旋磁矩。[①]

为什么主观和客观的"观"的真实含义一个是"说服",另一个是"看见"？这的确是以一个难以回答的问题。不过，如果不想陷于神秘，那么最好的答案就是这个问题本身，也即它的展开。这个展开，就是主观和客观的功能形态和真实作用，也就是为了方便使用而将"说服"和"看见"作为选择的两个基本规则或方法。在此意义上讲，社会科学和自然科学的科学性肯定是不同的，但问题并不在于哪一方的科学性更多，或者更强、更真实，而在于科学性以及科学本身就是问题。换句话说，选择使科学具有了真实含义，而相应的问题才是科学的具体内容和作用。比如，从表面上看，社会科学的不精确之处主要在于人或主体要把自己的因素装到研究对象里面去，或者干脆直接受到主观的目的性制约。然而正因为如此，比较起来自然科学的真实对象其实更具有外在性，也就更难保证其道理的正确性，倒不如社会科学更能够由主体自己把控。这种"把控"就是选择，也就是具体的科学内容。

事实上，不管什么科学，在没有"说服"和"看见"的情况下可能是任何东西，比如事实、现象、实体、幻象、想象等，但就是不可能成为"科学"。同样，不管哲学怎样作为自然科学和社会科学的"结晶"，哲学应该有自己的合理性，而不是科学性。也正因为如此，不管是主观的和客观的，不同的观点和相同的观点一直都处于不断的"说服"和"看见"之中。从现实情况来看，把主观和

---

① 科学家"偷听"两个原子的聊天，《参考消息》2021 年 5 月 31 日第 11 版。

客观对立起来的做法与对科学的误解是互为因果的。在这种情况下，现在那些用来说明或证明哲学"正确"的原则既不合理也不正确，或者说都不得要领，包括实证、证伪、分析、归纳、真实、必然性以及形而上学等，因为它们都自认为很合理、很符合逻辑，却偏偏没认识到或者不愿意选择提出问题，所以也就更没有想到要去选择"选择"。

之所以说上述偏向是互为因果的，是因为现代哲学只把哲学当成如何说明道理的形式，从而无视或误解了很多实质性内容的根据。其中最为普遍的误解就是把"科学"与"合理性"或"真理"混同，所以才会产生一种偏向，即认为社会科学不具有合理性，或者合理性比较弱、不完全。但是，这样一来反而造成了一种不幸的结果或境况，即哲学自觉不自觉地把自己弄成与现实无关的游戏了。一方面，自然科学并不需要这种哲学，而是这种哲学用自己的喜好和方式议论自然科学；另一方面，这种哲学自觉不自觉地、程度不同地回避谈论社会领域的活动和观念，结果放弃了很多本该认真对待的重要道理，尤其是放弃了改造自然和社会的功能。

2. 选择对于问题的设置

就选择与存在的关系来讲，这一章所说的选择对于问题的设置具有本体论性质，所以对其他各章节所说的问题设置也具有普遍适用的意义，尽管在设置对象、作用、形态等方面各有所不同。比如上一节所说的主观和客观、主体和客体以及社会科学和自然科学，

这些似乎是相对应的划分不仅表明了选择在这种划分上的作用，而
且就是最根本的选择本身，即问题设置所具有的本体论性质。就问
题的针对性来讲，这里的本体论并不是关于世界本原或本性的研究，
而是选择作为某种功能形态的根据，即选择是一种必然性，所以不
得不选择。首先，不存在没有选择，因为一个人不可能同时做两件
或两件以上的事情，所以没有选择就是选择，当然也可以说是被选
择，包括选择去死。其次，即使采取不选择也不等于没有选择，相
反，不选择本身就是一种强烈的意愿和明确的选择。

　　选择的必须性是显而易见的，但选择并不是从两个或两种以上
的东西中选一个，因为这样做无非就是否弃。如果真正的选择应该
是有意义的，那么它总是某种对于问题的设置。这种问题，就是人
们不得不面对和处理的各种关系。从上一节可以看出，人始终处于
主观与客观、科学与非科学、对与错、自然科学与社会科学等基本
关系中，所以不得不做出各种相应的应对，也就是认识和处理这些
关系。具体的应对办法和方式当然很多，但是至少从有利和有效的
角度讲，它们必定具有某些共同的原则。这些原则就是选择标准，
所有判断和行动都依据这些原则而成为选择本身的内容。

　　具体说来，选择的必须和实施都在于至少需要达到两个目的。
一个是确定道理和计划。确定了这样做而不是那样做，就知道了什
么是对的，也就是正确的，于是人就可以安心了，不再犹豫彷徨和
恐惧。另一个是有用。选择从来就不止于观念上的认识，它的目的
总是要用某种选择去达到或实现某个目的，所以被选择的东西总是
某种工具，并且必须具有达到相应目的的功能。这两个目的是一个

整体，互为表里，共同发挥作用。相应地，选择本身以及选择的结果就是生成可以既使人安心又对人有用的东西的一种状态，其内容则总是以命题的方式表现出来，或者就是命题的含义本身。这就是选择对于包括命题在内的问题的设置。

但是，上述原则以及目的也知道，选定了的东西或情况不仅具有针对性，而且还具有时效性。换句话说，选择不仅具有相应的功能指向，而且还必须相对固定，不能瞬时或随时发生变化。因此，不仅胡说八道和随心所欲都不是科学，而且也都不是选择。科学既不是真理，也与事物及其选择的对错无关，而是一种选择态度和知识体系，所以即使错误的东西甚至错误本身，作为一种"知道"或"知道"的部分也都是科学。但是，作为科学或知识，上述那些原则也都只是"知道"，而且"知道"还知道任何选择都不会静止不变，而是总要随着实际情况的变化而变化。因此，选择本身也总是被认为是科学的、合理的、正确的。选择的内容及其变化就是在不断地设置问题，从而使得作为相应问题展开的各种具体的答案具有整体性和延续性。不过，正是根据这些原则，选择对于问题设置的情况也是相对的和不断变化的，比如可以包括以下几种情况。

一种情况是在不同时期的相对正确与错误。比如，欧多克斯、亚里士多德、托勒密等逐次提出完善的地心说，然后是哥白尼、布鲁诺、伽利略的日心说，以及从 1929 年到 1948 年由哈勃、勒梅特、伽莫夫等逐次发现和提出的大爆炸说。更多的一种情况是虽然存在矛盾或难以证明的道理，但在很多方面都能同时使用的工具。比如，牛顿万有引力定律的古典时空观，以及关于力的含义、力的作用效果、力的本质等三大定律，与爱因斯坦狭义相对论对速度的极限、也就是真空中的光速的定义，以及广义相对论的时空观。事实上，对许多力学问题，用牛顿万有引力定律比用爱因斯坦的广义相对论计算要简单得多，而且两者相差极微，至于绝大部分实用技术所根据的就更是牛顿的定律了。

还有一种情况是原则本身并不错，错在使用针对，所以只需调整选择的使用针对。比如，匈牙利医生塞梅尔维斯（Ignaz Semmelweis）1846 年在维也纳总医院产科医院工作时发现，产妇大量死于产褥热的原因，在于产科医生接生前或手术前没有把手洗干净，更没有消毒。但是，当他于 1850 年春天在维也纳医学会公开宣传洗手消毒的重要性并要求这样做时，却遭到了医学界的拒绝。当然，最终塞梅尔维斯的洗手并消毒方法还是得到了承认和普遍实行，但治疗产褥热以及其他产后可能的疾病的办法和措施依然有效，仍在使用。

之所以出现上述这些情况，并不仅仅由于不断发现的新道理，或者说所谓相对真理总是不断被发现或达到的，从实践的角度讲更在于对于道理的认识、表述以及应用都不必完全正确，更不必列出全部因素、内容、手段和功能。这种情况也表明，知识只是相对完整独立，实际上或事实上都是不完全的，而在主观方面，更多考虑的则是实用的针对、避免或减少下定义的严谨性带来的困难，以及利益和目的的需要等诸多因素。比如，一个与任何政党都无关的人研究政党，与政党自己阐述自己的政党理论是不一样的。政党的政党理论无论如何都有着自己的世界观、价值观、目的性等因素或要求，所以无论相应的政党理论多么正确，总是有局限的。

其实，不完全或不完整正是选择的常态，但这不是避重就轻，也不是两个或多个东西选一个，而是设置问题，也就是为判断的"是"或命题准备出尽量多的可能意思或内容。严格说来，这种问题总是以道理的形式表达这些部分，因为全部完整没必要，也很难做到。比如，"苹果是红色的"肯定不是"苹果"的定义，因为显然苹果也可能是绿色的、黄色的。同样，作为定义的内容，需要并可以从多个方面来表述，包括颜色、形状、质地、甚至生命等。但是，恰恰因为"苹果是红色的"这句话作为苹果的定义并不完整，才表明这句话就只是当下说话者所要表达的意思，比如突出"红色"，以及这样做的其他用处。这个"突出"就是选择的意义，作为问题，相应的意义则可能大于这个意思的内容，或者说在这个意思之外。

当然，这种意义是有条件的，就是听者知道苹果是什么。对于完全不知道，或者说从来没有见过或听说过"苹果"的人，说"红色的"和"圆形的"对他来讲都没有用，或者没有意义，因为红色的和圆形的东西太多了。但是，这个表述不能反过来讲，也就是不能说红色的或圆形的是苹果。如果要这样说，必须增加相应的必要因素，变成"那个"（或"这个"）红色的"东西"是苹果。在这个表述中，"红色"仍是意义，但需要借助代词"那个"（或"这个"）以及与主要内容同义的名词"东西"，而从这个"东西"尚未定性来讲，它仍然只能起代词的作用，或者是有待填充的选择。

上述情况表明，各种因素或要素只有作为命题或准命题的表述才能成为问题。这样，表述本身不必完整或全面，但必须准备了具有多重可能的回答，才算设置了问题。换句话说，作为道理，选择用含有"是"的命题方式预设、准备、提供、制造了问题，从而以各种可能的构成部分和形态，展开了相应的答案。但是，表述道理、做出选择、提出问题等情况并不表示内容与现实对象或存在的一致，也不表示河流山川、飞禽走兽就一定不是人的观念想象出来的东西，而只是指它们对人的作用和意义不同。比如，有三个人来到了同一座山前，山还是那个山，但引出的反应却很不相同。其中一个人看到的是美丽的风景，于是大为欣赏，随即就拍照或写生。另一个人是个探险家，而且酷爱野外训练，于是立刻将此作为锻炼的好地方和好机会，兴冲冲地爬起山来。还有一个人正在赶路，不仅对风景和探险毫无兴趣，而且已经相当疲劳了，于是只能无可奈何强打精神去翻山越岭，甚至连那座山是个什么样子都不知道。

　　因此，选择可以是疑问句，也可以是陈述句。比如可以问"苹果为什么是红色的"，但这里的选择构成以及问题设置的内容因素并不是红色和苹果本身，而是与此有关的原因。作为问题的设置必须包含多种因素和可能，否则就不是问题，所以并非所有的疑问句都是选择，或者都能够成问题。比如，"你吃过饭了吗"这一疑问句形式的话就不是选择，也没有问题，只是简单的"发问"。所谓简单，就是指没有命题因素或成分，而只是一个事件或状况，而且就这个例子来讲，"吃饭"是所有人都要做的事情，所以其意思几乎不会引起误解，更何况这种问话在很多时候只是一种客套的打招呼。因此，这个发问也没有真实的回答内容，只是就所发问的事件

或状况表示肯定与否的态度或应答，而前面已经说过，从同一事件
或状况的两个（或两种）或多个（或多种）可能中选定一个（或一
种）并不是选择，而是否弃。这里所谓的"同一"，指的就是不包
含生成命题的各种因素，所以无法、也无须形成命题。

　　具体说来，之所以说"苹果是红色的"这个例子是以选择的方
式设置了问题，在于这句话提供了多层或多种可能的意思或含义，
而这些意思或含义的展开就构成了相应的答案。比如，它既可以是
只表达了苹果的某个特征，即红色，也可以表示说话者对苹果的态
度，包括赞赏、喜爱、厌恶、嫌弃等。它还可以是对于红色的不同
理解，比如红色不仅代表火热和鲜艳，而且也可以（像苹果一样）
妩媚、朦胧。甚至，它还具有将苹果和红色或水果和颜色合在一起
产生各种隐喻、转喻等美学功能和想象空间。这种情况的存在或生
成，就是所有这些可能的意思或含义所具有的意义。相比之下，"你
吃过饭了吗" 这句话只有意思或内容，而没有含义和意义。因此，
这里说它不是选择，是指某种情况的"非选择"性质和特征。比如，
可能的情况包括吃过饭了、还没吃饭、刚吃了一半等，但所有这些
在内容特性上都是"吃饭"，而且关键在于一个人只能同时处于这
些情况中的一种情况。因此，对这句话的所有回答都只是对一种状
态的如实道来，既无选择也无问题。

　　选择的意思是指同时具有多种可能，而不是从多中选一，所以
真正的选择总是由于提出或准备了这些可能而成为问题的设置。其
实，经验层面的选择含义并不难理解，因为选择本身的功能指向或
特征就在于一种没有比较级的状态或境况，也就是既没有最好，也

没有最坏。在设置问题的意义上，所有选择都是性质相同和地位平等的，所以选择的内容作为结果是随机的。换句话说，选择不仅具有必需性，也就是不得不选择，而且选择在对象的大小多少、事情的重要与否等各方面都没有比较，或者说都无须比较，因为只要是选择就行。也许，很难说为什么会有这种情况，甚至很可能就没有答案，不过它所具有的没有比较级的性质却是明确的，就是美学性。

从审美的角度讲，一个对象的好坏美丑都不是比较出来的，而是由某个或某些构成美丑好坏的因素决定的。这样讲的理由在于，审美本身是找不到比较标准的，真实的比较不过是将两个或若干个东西相比较，而它们各自已经是相应的美丑好坏了，或者说已经具备了相应美丑好坏的特性了。所谓审美对象，特殊地说是指文艺作品，一般地说则包括世界万物。对于具体的文艺作品，尽管可以有各种评价，但如果在审美上得到欣赏，也就是达到或获得可以称之为"好的"或"美的"的感受，那么这个审美感受或活动就是唯一的，或者说具有唯一性。换句话说，主体与对象构成的美学内容和意义不是与其他事情或情况比较出来的，而是就此论此，整体唯一，不可替代。因此，这种情况就叫做没有比较级"更"，其根据和标准都在于"恰到好处"。

对于所谓一般而言的世界万物，比如对大自然的风景欣赏，其审美感受没有"更"的道理也是如此。至于另有规则的情况，比如唱歌、演奏、绘画、跳舞等文艺赛事，其中三六九等的比较级恰恰是已经确定的规则，而不是尚未进行的审美欣赏。换句话说，作品内容、领悟能力、表现技巧、个人天赋等等这些可能的规则，对于评委和参赛者以及所有人都是一样的标准，因此所谓比较出来的好坏高低不过是这些规则或标准的具体落实，而不是独一无二的具体审美感受。同理，这些赛事本身也都不是选择，当然也构不成问题，因为各种结果、也即分数都是对于事先已定的原则和标准的"符合"程度，而不是具有内容含义的答案。

人的生存、繁衍、发展等所有活动和过程都是有目的的，但正因为如此，它们都成了人的手段，而不能回答人为什么要这样做。具体的原因当然容易找到，因为至少可以通过理性来推论，但普遍性的，也就是人之为人的原因却很难找，甚至从来就没有认同的定论。非常有可能，这种状况本身就是答案，即是说，人的自由状态是没有比较级的，所以理性在这里几乎就是多余的。换句话说，人是因为美学而自由的，所以也才能够经由选择而生成问题。作为概念，美学的含义是有争议的。我认为美学关注的是一种自由状态，即为了自由并用自由的方式或手段来实现自由，其最突出的特征就是没有比较级，也就是没有"更"如何。事实上，哲学自己说明不了美学的事情，或者说美学的内容超出了哲学的把控，所以人们又把美学叫做"感性学"，以回避选择对于问题的设置。①

从学科分类的历史来看，既为了掩饰和逃避哲学管不了美学这种境况，更为了维持哲学的权威，鲍姆嘉通就为研究感性领域的学

---

① 孙津:《在哲学的极限处——自由美学论纲》，中国文联出版公司，1988年版，导言。

科起了一个名字叫"Aesthetics"，而康德则把感性活动叫做一种特殊的判断力，即审美判断力。鲍姆嘉通的命名、审美判断力以及感性学，等等这些说法的含义经由日本学者的解读，翻译成中文就叫做"美学"了。直到今天，在中国的学科分类上仍是美学属于哲学，而文艺学属于文学，其实二者讲的基本上是一个东西。就典型的审美状态来讲，不仅不一定需要理性的考虑，甚至更多恰恰是处于非理性的本能。如果是这样，选择对于问题的设置自始至终都是非理性的，同时也是被动的，因为只要所选或所做的事情是有意义的，也就是设置了问题。换句话说，追求完满或完美的愿望和行为即使本身不是美学的道理，也是美学的最高境界和主要特征，而这些道理、境界、特征所体现或标识的，就是选择对于问题的设置。事实上，就可能因素的生成和提供来讲，每一个审美都是一个问题的设置。

综上所述，本小节的内容可以概括为主要三点。其一，由于思维几乎总是要运用多种具有自身独立内容的因素，所以选择不仅是思维的基本功能，而且各种选择就是思维活动的内容构成。其二，思维对于观念和实践起作用的最基本方式都是命题，这些命题可能有真有假、有对有错，但它们总是在运用"是"和"为何"这两种成分的同时，就设置了包含着多种答案可能的问题。其三，选择对问题的设置具有必然性，所以它可以是自觉的理性过程或行为，但大多数情况都是非理性的、好像自然而然的习惯一样，具有明显的美学性质及审美特征，即没有比较级的自由状态。

3. 存在的条件

通过上述两小节的讨论，可以更具体地理解本章开头表达的一个说法，即对于选择的认识可以有助于摆脱思维与存在的纠缠。存在作为认知的对象，当然是第一性的，所以思维的内容就是第二性的。但是，思维不仅仅是一种功能，思维一旦启动，真实的思维活动本身也是一种存在。认识这种情况的意义并不在于确定思维与存在或者精神与物质在本体论上哪个第一性哪个第二性，而在于思维与存在的关系的选择性。换句话说，自然的、固定的存在只有在选择的意义上才成为对人有意义的和发生作用的对象，相应地，有意义的存在必定是有条件的，或者说这种意义本身就是存在的条件。以往哲学之所以在思维与存在关系上纠缠不清，最主要的原因就在于把存在作为无条件的东西与思维构成一组相对的概念，唯独忽略了选择才可能使存在具有真实含义。

从本体论来讲，存在必有其实体，而就含义来讲，存在必须有真实的内容。内容可以是物质的，也可以是精神的。如果说，"主观与客观"的本体论特性，在于选择所具有的不同的功能形态，而"选择对于问题的设置"的本体论特性，在于多种具有自身独立内容的思维因素的并存，那么本节"存在的条件"的本体论特性则是针对命题的价值而言的。不过，这并不是价值本体论，而是指实现或落实命题价值的相应手段或方法以及作用，所以更具有生存的特征。提出所谓命题价值的根据并不在于存在因为或依靠命题才存在，而是指有意义的存在总是以命题的方式，或者经由命题而被人知道和运用。根据前述选择对于问题的设置的原则，存在的条件制约、甚至决定存在的形态和内容，比如是观念还是行为、是判断还是事实等。由此，理解存在的条件至少需要说清楚讲三点，即存在条件的功能性质、作用方式和形态特征。

第一，所谓存在条件的功能性质，就是指条件对存在所起作用的性质，即意义。换句话说，就是使存在成为有意义的存在。

不管出于什么原因、经历了什么演变，也不管什么人愿意不愿意或者承认不承认，包括自然界和人类社会的世间万物已然存在了，你摸得着、看得见、听得到，而且还能参与其中，一起活动，相互作用。但是，世间万物不可能凝固在某一瞬间，或者说保持这一瞬间的样子永远不变，所以这种状态的存在并不具有持续的真实性。之所以会这样的原因并不在于有没有"时间"这个东西，而在于所有这种状态的存在对于人来讲都是某种有用的因素或材料，所以真实的存在总是取决于或依赖于它与人的关系。换句话说，已然存在的世间万物都只是自然的和偶然的存在，只是由于人的因素（意愿、需要、行为等），这种存在才可能总是根据和针对各种条件而对人具有相应的意义，所以我们才说，条件所具有的这种功能的性质就在于使存在成为有意义的存在。

当然，从并没有什么东西是绝对的、一切都是相互关联的角度或情况来看，所有存在都是有条件的，包括自然界的存在。比如，从宇宙诞生、各种原子在某些撞击下形成大分子结构、太阳系和地球形成，到自然物质的化学元素在现在还不能准确或肯定地说明的情况下产生了原始的生命元素或生命形式（比如碳、氨基酸、蛋白体、细胞等），以及原始生命又经由同样尚不能确定的进化机制，产生出现在地球上丰富多彩的生命形态，包括人。至于社会存在，不仅所需要的条件更为明显、确定和复杂，而且与人的关系（包括人的需要、干预等）也更为密切，甚至本身就是人的活动和创造，比如畜牧、农耕、纺织、交通等。所有这些自然的和社会的存在不仅都是有条件的，而且本身又构成了其他存在，尤其是后继的存在及变化的条件。

　　但是，正因为所有存在都需要相应的条件，所以所谓条件的功能性质，应该是指起作用的决定因素和最终原因，而不是什么具体的条件。比如，有观点认为，新石器晚期，由于所获得的物质资料（相当于现在的财富）相对充分了，到了多余的地步，也就是超出了群体维持生存需要的平均水平的时候，就出现了不平等和阶级。但是，这似乎并不是最终原因，比如也有观点认为，之所以能出现这种"相对充分"或"多余"，是因为生产力的提高。显然，对于"确证的"实情来讲，是生产力提高还是偶然的物质资料丰富了都还是不同的观点，也就是说，对于任何存在条件的特性判断都可能、事实上往往也是有争议的。因此，如果不同的或具体的有意义的存在是真实的，那么它们的条件应该在各种决定因素和最终原因方面具有某些的共同之处。无论从逻辑还是经验来讲，这个共同之处的针对只能是人的需要，所以这个共同之处的内容就是需要的自觉性和创造性。

　　相比自然界的存在，社会存在显然更加需要更多相对自觉的条件，而且各种具体的社会存在几乎都是人自己的产物。比如，各个历史时期都有所谓知识分子，但是这种群体的存在特性显然不仅在于他们有知识，更重要的原因还在于他们的独立人格和意志，也就是所谓批判精神。这是从功能特性来讲的，而这种功能的形成也需要条件，其中最为重要、也最具有普遍性的条件就是教育。当然，这种情况本不难理解，因为教育不仅是获得知识的主要渠道，而且提供了积累、延续以及创造或创新知识的基础。即使没有接受过正规教育、在现在尤其是高等教育的人，在他成为知识分子的过程中，必定也以各种所谓自学的方式达到了正规教育所具有的知识水准或素养。

或许正是经由教育这个普遍性的作用，以及相对来说个人能够通过自己的努力来达到或实现这方面的成功，所以知识分子才可能、并且最容易产生批判精神。因此，知识分子之所以不属于某一阶级，更不构成这个阶级的根本原因，在于知识分子在生产资料占有方面的非独立性和从属性，但是，从群体的构成来讲，则在于不同阶级的人都能够经由教育成为同一个阶层。因此，知识分子个人的身份存在可以是地主、资本家、自由职业者、甚至流浪汉，但是他作为知识分子的存在条件并不取决于这种身份，而且也不是单一的和固定的，而是包括很多方面，比如政治取向、意识形态以及知识教养等。正是这些条件，为知识分子的存在提供、并促成了超出某一或某些阶级属性的内容，包括总体性的知识、开放的态度、多样的选择、自由的可能、流动的地位等。由此，对于真实社会的构成来讲，知识分子的存在和形成，就是一种自觉的创造。

自觉性和创造性的典型形式或体现，就是选择。前面我们已经讨论过，真实的存在取决于选择，而各种具体的选择就是存在本身的条件。在所谓存在的存在中，后一个"存在"只是认可前一个"存在"的道理，而这个道理就是对各种现实存在的根据。但是，这种根据本身也是由相应条件所设定的，即出于某种认识或目的的对象性。比如，宇宙就是关于存在方面较为终极的一个设定，用来作为我们存在的时空或环境。因此，即使存在多重宇宙或多个宇宙，起终极作用的道理还是"宇宙"本身，也就是我们仍然不能设想宇宙"之外"。这也许不是因为自然的宇宙"之外"绝对不可能存在，而是指它不仅没有作为存在条件的意义，而且违背人的存在条件的伦理特性，即人是地球的存在物而且和地球一起具有生命。在这个意义上讲，寻求到外星球去居住也是一种违背伦理的僭越。

第二，关于存在条件的作用方式或途径。前面说过，即使没有问题，大千世界也存在，但它只是自然的和偶然的存在，而不是有意义的存在，只有与人构成作用的存在才成了有意义的存在，包括具有内容的、特定的、具体的存在性质和形态。因此，存在条件的作用方式或途径，指的就是存在条件的功能性质是以什么方式使存在具有意义的。

很显然，存在具有各种各样的意义并不难理解，包括重要的和不重要的意义，而它们共同的一点，就是与人有关系或关联。但是，并不是所有关系或关联都是有意义的存在的条件，或者说都能形成有意义的存在。比如，一条鱼、一只流浪猫、一棵树，它们都是具体而真实的存在，当一个人把鱼吃了，收留了流浪猫，砍了树做门板的时候，这些东西就和人有关系或关联了。但是，这种情况不过是物质不灭，发生了转换而已，包括比如鱼转换成人所需要的能量和不需要的排泄物。因此，存在条件的作用方式或途径应该是某种特殊的关系或关联。这就是问题，也就是通过自觉不自觉地以问题为条件这种方式，形成有意义的存在。所谓经由或通过问题，就是形成真实的命题，而这些命题内容的展开和转换，就是存在的意义，相应的存在形态也就成为现实的答案，或者说，是作为各种答案的有意义的存在。

进入问题的最常见方式，就是对知识的学习、掌握和运用。比如，从"客观存在"来讲，生命是能量的一种存在形式和转换形态，也就是生命对能量的运用。但是，这种理解还是没有说明生命是什么，相反却丢弃了生命的特有属性和功能。只有确立了针对生命的问题，也就是提出或知道了有关生命的多重因素及可能，各种生命形态的真实或具体存在才作为答案对人具有意义。比如，知道了生物链在维持生态平衡方面的作用，就可能对某些物种的数量进行干预，以达到某方面的生态平衡。相对说来，生态平衡是问题，干预则是条件的运用。在这种情况下，自然存在的动物，比如蚂蚁、苍鹰、灰狼、鲸鱼等就可能成为对人的需要具有意义的存在。

从普遍性来讲意义同时也是，或往往就是知识本身，但意义也不一定都具有实用价值。比如在考古学和考古活动中，某些考古出土的东西的年代可能使人知道某个历史又增加了若干年，也就是比之前知道的"更早"。这个"更早"就是意义，但它与墓中东西的存在却没有关系，因为人知道不知道这种情况那些东西还是那样，不会因此而改变。通过考古发现的骨骼化石，我们现在知道史前最大的陆地哺乳动物是 4200 万年到 2100 万年前的巨犀，而且已经发现了 6 个不同的属。其中 2015 年在甘肃临夏发现的 2650 万年前的巨犀是一个新种，肩高 5 米，头高 7 米，体重超过 24 吨，比 4 头非洲象加起来还要重。然而，这些年代的时长、体型的大小以及体重的多少等存在特征与那个巨犀的存在与否并无干系，而只是与人的关注有关。

　　一般说来，上述那种关注本身既不具有实用性，也跟人的实际利益也没多大关系，但对于满足人的好奇心、显示知识的成就感有直接的关系，所以类似的考古将会永远寻找下去。不过，这些被关注的东西可以为有意义的存在提供根据和条件，或者说变为有用的存在。比如，自从 20 世纪 20 年代中国有了现代考古学，通过相应的理论、方法和考古发掘，知道了越来越多既有的文献尚没有记载的历史资料和状况，从而使历史记载含糊、把神话传说混同真实事件、甚至解释和评价错误等情况逐渐得到修正和确证。这种情况就是存在条件的作用方式，而埋藏在地下的、未知的、甚至不知道有没有的东西，就成了"考古"（包括理论和实践、知识与学术）的问题。各种考古方法和结果，就作为问题的展开或转换，成为具体的考古存在，当然也就是相关的知识本身。

　　条件以知识和命题的方式起作用的根本原因，在于人很难、或者说几乎不可能同时并延续知道存在的全部。因此，不同条件生成的每一个存在方面或部分就是一个答案，这样才使得存在有可能针对人的需要而趋于真实和完整，包括具有意义。当然，条件的作用并不是杂乱无章的，而且知识和命题往往也是遵循相应的规则才得以成立的。但是，即使有各种规则，无视或忽略存在的条件也常常会把事情搞得没有自己的内在逻辑了。比如，我们生活中的许多判断之所以出错，就是习惯性地把概率或经验当成逻辑了，而更多的情况则是自觉不自觉地设定了结论，或者说倾向于符合目标的判断。由此，相应这些误导的一般逻辑特点就在于，先让 A 等于 B，然后 B 又具有、包涵或类似 C 的某些方面，于是 A 就顺理成章地导向 C、甚至等于 C 了。选择本身不能直接阻止或消除这些误导，于是就将知识和命题作为能够提供多种可能并让它们并存的条件，从而生成或促成具有意义的存在。

第三，存在条件的主要特征是多样的、变化的和不对等的。多样和变化是显而易见的，也是不难理解的，因为几乎任何东西的条件都是多样变化的，所以相对说来，其中真正重要的或专属的特征应该是不对等的特征。所谓不对等，是指不同形态的存在对于条件的依赖性质和程度都是不一样的，或者说条件对于存在所起的作用大小是不一样的。

比如，自然界自身的存在条件是内在的，而人的干预不管自觉与否，对于自然界来讲都是外在的；没有意义的存在条件是偶然的，而具有意义的存在条件是目的性的；同样的社会结构转为革命的条件可以是相同的，也可以是不相同的；等等。在这里，不仅存在的形态不同，各种形态条件在性质、作用、程度、内在、外在、偶然、目的、异同等各方面都可能不同，而且这两者，也就是不同存在形态与各种可能的条件要素之间也没有一一相对的关系和作用。这些没有可比性的情况，就叫做不对等。不仅如此，条件的多样、变化和不对等不是孤立分割的，而是相互影响，所以也包括功能的转换。此时此地为条件的东西，彼时彼地可能就变化了位置和内容，甚至失去了作为条件的功能和根据。

条件的不对等还包括各种不知道，或者说尚未知晓的原因或知识。比如，根据热力学第二定律，事物由有序走向无序，并最终粉碎。但是，生命的历史已经长达宇宙的三分之一了，却还一点儿看不出要粉碎的迹象，或许是基因遗传延缓了这种粉碎的到来？如果是这样，生命还能延续多久，或者变成别的什么东西？这些问题并不需要回答，因为它们的展开和转换就是答案，然而从存在条件的角度讲，这种展开和转换的可能性与现实性是不对等的，或者说完全没有办法做任何对等的判断。至于正确性和现实性，往往更构不成对等与否的关系或境况，比如即使知道了人会粉碎，这种情况到来的遥远时长也使得它对于人的现实来讲几乎是毫无意义的。

从理论上讲，所有存在，包括自然界和生物界（其实也应该包括精神"活动"）都应该是平等的，然而由于存在条件的多样、变化和不对等，这种表面上的平等已经为选择所取代。如果说，在相当长一段时期，比如从地球诞生直到新石器晚期，存在条件还谈不上平等与否和对等与否。那么，存在条件在现在显然已经是不平等、不对等的了，而且看起来这个趋势是不可逆的。比如，保护大熊猫、进行碳排放交易等做法不仅都是人一厢情愿的选择，而且人还把这些做法本身当成所愿望的真实存在的条件。在这个意义上讲，甚至"存在"本身也是不平等的，因为它是以选择为条件的。

其实，正因为有意义的东西从来就是"选择的"，而不是"自

然的"，所以存在的条件才是变化的。这种变化包括很多层面，其
内容和特征也不完全相同。比如，在人和自然的关系上讲，"可持
续发展"、"不要吃掉我们的种子"等等说法，都已经成了当今的
共识，也就是有意义的存在的条件。从人与人的关系来讲，最突出
的危机就是人把自己搞的不安全了，所以安全也成了存在的第一条
件，于是不仅全世界成立了联合国安全理事会，地区也成立了诸如
集体安全条约组织（目前有俄罗斯，白俄罗斯，哈萨克斯坦，塔吉
克斯坦，亚美尼亚和吉尔吉斯斯坦六个成员国）等安全机构和组织。
从人和技术，尤其是所谓人工智能技术来看，人机结合、用意念移
动物体、将所有记忆储存起来并用 3D 打印技术再现、记录并打印
再现梦境，等等这些技术已经使精神与物质分立意义上的思维与存
在失去意义，并且由技术本身生成了各种新的存在条件，或者说这
种生成就是新的存在的普遍形式。

　　就"客观的"的情况来讲，相应存在条件的多样和变化是很明
显的，因为条件本身往往也是"客观的"。比如对于本章开头说的
车站站牌的情况，这些条件就包括车速快慢、站牌的方位、文字的
大小等。在社会存在方面，情况就比较复杂，即这里面不仅有很多
"主观的"的条件，而且现实的条件几乎总是主观因素和客观因素
交织在一起、相互作用的。比如，前面讲的知识分子与教育的情况，
就是二者互为条件的，而且随着情况的不同和变化，这些条件的阶
级属性与实际作用的关系也不同，或随之发生变化。

　　从历史上看，正是在这些变化中，知识分子把社会中各种具体
的利益冲突，转化为具有普遍性的行为价值，或者说由物质性的存

在抽象概括出精神性的问题。这些问题也随着存在条件的不同和变化，生成不同的内容和倾向。比如，资产阶级革命以后，知识分子作为条件本身，使得包括无产阶级的各阶级的阶级意识逐渐觉醒，或者说逐渐成为自觉的阶级理念。但是，又由于各种原因，其中比较重要的原因包括知识分子在科学技术方面的突出作用以及自身经济地位的上升变化，在当今世界上，阶级意识以及阶级自觉性正在不断模糊和衰减。相反的情况也表明了存在条件的多样性、变化性和不对等性，即从世界范围来看，阶级的属性及形态都不再以生产资料的占有形式为根据，而是更多转变为国家这个因素及单位，形成了所谓"国家阶级"。①

4. 小结

相对说来，问题是存在的根据，答案是存在的意义。但是，问题不会无缘无故产生，答案也不会没有针对，所以问题通过选择产生，或者说选择将自己作为问题本身，从而使潜在的答案因素形成或转为具有内容含义的真实存在。在此意义上讲，选择和存在一样，都是具有本体论性质的概念，而有意义的选择总是某种对于问题的设置。

不管如何看待主观与客观及其相互关系，人的实存形态就是或

———————————

① 孙津:《阶级分析的适用针对及其变化》,《当代世界与社会主义》2013 年第 6 期，第 45-50 页。

者总是体现为普遍的"问"和普遍的"答"。具体的"问"可以分为捡出、发问、追问等；具体的"答"可分为猜测、发现、发明等；而所有疑问、检验、分析、证实等选择都是问与答的转换，也就是哲学的真实形态和作用。比如，一个数学题有多种解法虽然也是问题本身意义上的"有"，但却不是存在，而是道理或真理。同样，一个工作有多种方法虽然也是选择，但这既不是存在，也不是情况，甚至也不是道理或真理，而是作为"问题"提出来并展开的真实或有意义的"答案"。

如果思维与存在真的是哲学的核心问题，那也只是因为使用的合理性，也就是认识及行为都要有相应存在的客观根据。在这一点上，唯物主义和唯心主义其实是完全一致的。但是，思维并不是无内容的功能，更不是机械的力，存在也不仅指最小单位，而且还是"有用"的载体或确证。由此，问题与答案的互动表明，选择才是思维与存在的基础，从而使思维与存在的分立失去意义。事实上，与存在相对的、没有内容的思维是没有意义的，而进入或取得意义的思维总是一种选择，同时也使得思维不再成为与存在相对应的明证性一方。

无论思维、意识、体验，它们作为相应的选择在形成判断之前都是没有意义的，因为这时不仅它们自己仍处于未知的状态，而且也无法知道或确定自己的对象是什么。但是，只要涉及判断，就是"问题"的产生。因此，言说对象的存在本体或者没有意义，或者是多余的，因为它可以由问题的认识论和方法论，或在它们的应用方法和领域中得到说明。如果各种经验知识都有其内容，那么构成这些内容的"意思"只有通过或形成问题，才能够具有"意义"。因此，有意义的存在必定是有条件的，或者说这种意义本身就是存在的条件。之所以不存在先验的本体，道理就在于此。作为对先验和经验判断都有效的普遍或一般根据，选择使得存在能够作为具体的答案而具有真实含义。

第三章 命名与指称

　　很显然，命名与指称是哲学活动得以进行的基本功能和重要方式，至少，如果没有命名与指称，人们就没法进行对话，也就是或者不明白对方、甚至自己在说什么，或者干脆失语。因此，命名与指称的这种关系是认识论的最一般常态，因为它所标识的是认识如何达到对象，以及事实如何显示其含义。相对说来，与命名直接相关且相互需要的是被命名的对象，而与落实命名的内容含义的指称直接相关且互为转换的则是事实。命名所表示的并不仅仅是人们已经知道、习惯或通用的字词的含义，而是另有目的或所指。主要的目的就是为了表示命题的本质或属性以及理解命题并给予意义，所以本身就是哲学活动，并为其他或后继的哲学活动提供基本的知识和工具。在这个意义上讲，现代哲学史上至少有两个人的看法直接涉及本章的话题。

　　一个是石里克。他认为，直到牛顿、甚至康德的时代，科学和哲学还是混在一起不做区分的，到了 19 世纪中期，人们发现哲学的思辨方法是一套骗人的东西，于是又走到另一个极端，就是轻视哲学。于是他指出，科学和哲学的不同其实并不在于哲学的不可靠，而是两者的任务和目的不同。科学的任务是获得知识，尤其是关于实在的知识，所以科学的成就既不会被哲学所毁坏，也不能被哲学所改变。这样一来，不管哲学自己有什么意义，它的一个主要或基本目标就是正确地解释科学的成就，并阐明它们的最深刻意义。当然，哲学的这个目标其实也就成为科学的最高任务，而且永远是这样。①

另一个是克里普克。前面提到，分析哲学中的摹状词理论把名词的意思就当成它所具有的内容，也就是不管专用名词还是通用名词都具有自己的内涵或含义，所以能够叫做名称。克里普克却认为，这种看法是错误的，因为名称能够用来给对象命名，并不在于这些名称固有某种含义，也不是我们对这种含义的了解，而是取决于对相关的历史过程和前因后果的了解。这样，历史的和因果性的命名所表达的就是事物的本质，而不是哪个偶然的事情或意思。尤其是他还认为，命名的意义就是一种具有必然性的形而上学概念，而反映了本质属性的知识也可以通过经验获得。②

所谓哲学能够针对不同的事物给出相应的意义，指的就是为科学知识命名，或者说为知识命名。知识作为事实是无法占有的，所以也不存在什么知识产权，但知识作为道理却可以正确或错误地加以解释。因此，无论是解释并赋予科学知识以意义，还是认为命名

---

① ［德］莫里茨·石里克：《自然哲学》，陈维杭译，商务印书馆，1984 年，第 3、5-6 页。

② ［美］索尔·克里普克：《命名与必然性》，梅文译，涂纪亮校，上海译文出版社，1988 年，第 49、103、139-140 页，不过，他在书中几篇演讲中的观点阐述很分散，也没有什么总结性的话。

要能够掌握和识别事物的本质属性，这些看法给出的启示都在于，命名不仅仅是语言问题，而是一种认识论活动。不过，尽管富有启发，石里克和克里普克的看法其实都不符合实际，而且作为分析哲学家其思想也都属于前面的分立的哲学，所以多有局限。具体说来，他们两位都没有进一步看到，既然是认识论的活动过程，就不能局限于词汇本身，不管是专词、通词还是所谓摹状词。由此，命名不是知识问题，而是认识论。

但是，这里的认识论特性恰恰在于以命名的方式掌握和运用知识，所以命名也就是或总是问题的提出。在此意义上讲，尚没有名字的东西以及已经有了名字但又需要再命名的东西，都是命名的对象。但是，命名本身不是名字，指称也不是作为语言符号而与命名保持表面的、固定的和简单的一致。相反，命名对于含义的使用具有包容性，也就是应用的幅度，所以命名的实际含义是由指称来落实的。如果，就像上一章所说，选择通过命题使存在具有意义，那么命名也是通过命题使指称具有意义。换句话说，作为问题的展开，被命名的对象通过指称成为有意义的事实，同时也就是具体的答案。

1. 相互需要的命名和对象

不管有没有名字，存在着的东西总是存在着的，不会因为没有名字而消失，而且人总是活在作为各种对象的存在条件或环境中。但是，如果没有名字，人就没法知道存在着的东西是什么，从逻辑上讲甚至不能确定它们是否存在。换句话说，人不能没有对象，但要知道对象又必须给它起名字。因此，所谓命名与对象的相互需要，就是人与自己的对象最为一般和最为真实的关系。

尚未命名的对象是没有确定含义的，所以命名其实也就是创造有含义的对象。在此意义上讲，相互需要的真实根据在于没有对象也要造出对象，而这就是人认识和掌握知识的一般形态和功能基础。当然，这并不等于说各种东西只是靠了命名才存在的，但却表明命名本身不仅参与了关于知识的活动，而且就是知识的组成部分。如果不是这样，也就是如果没有命名，发现、研究、发明和运用知识就都没法进行。因此，不仅由于万物都需要有称呼或名字，更由于认识活动自身所具有的对象性，命名与对象的相互需要首先就体现为命名与对象的同在。

世上万物本没有自然的或天生的名字，名字总需要给出，也就是命名。命名总要有对象，也就是被赋予、给予、冠以名称的东西，不管它是精神的、物质的还是观念的、实践的东西。因此，命名总是与相应的对象同在的，但是，命名的根据并不仅仅在于"有"某种可供命名的对象，而在于要使对象具有可理解和可使用的"含义"。换句话说，命名既确立了具体的主词，也使对象成了宾语。这样一来，命名与其对象的同在并不等于命名的内容与对象相一致，相反，作为命名的结果或载体，一个名词，甚至一个概念，既没有与对象一致的特定或专有含义，也没有这种一致的普遍或通用含义。

所谓没有特定或专有含义，是指同样的名字可能有多种含义，或者多种对象可以共用一个命名。比如，当说到"亚历山大"时，人们至少会想到亚历山大大帝、亚历山大一世（苏格兰国王，1107年—1124年在位）以及埃及的亚历山大港口城市。当然，如果我们说的是亚历山大大帝（Alexander the Great，前356年—前323年），为了不致造成混淆可以加上一些说明。比如，公元前4世纪的马其顿国王、年少时师从亚里士多德，甚至还可以列举那个人的征战伟绩，包括相继在格拉尼库斯河战役、伊苏斯战役、高加米拉战役打败波斯帝国的军队，接着横扫小亚细亚、中东和伊朗高原，又不费一兵一卒而占领埃及全境，直到公元前330年吞并波斯帝国。然而，这么长的介绍已经算不上命名了，况且一般说来姓名很难保证专属某一个人。

　　至于没有普遍或通用的含义，是指从性质上似乎可以具有某种普遍性，但这样也可能就没有特定的对象了。这种情况有些像所谓的共相，其实就是某种先定的普遍性，只不过也可以把它用来命名罢了。我们知道很多东西，它们是各种类，但并不是共相，比如椅子、碗、狗、猪、云、水等。这些东西全都看得见，摸得着，甚至也闻得到，但却没有办法确定相应的对象，也就是不知道指的是哪把椅子、哪个碗、哪条狗、哪头猪、那朵云、哪片水。其实，这种情况所表明的就是普遍和特定可以共用一个命名，但普遍的含义是以舍弃特定的对象为前提的。在这个意义上讲，所有的命名都不全面，但如果把对象的各种内容和含义都讲全了，命名就不叫命名了，而叫做知识的解说大全。甚至对于没有两片一样的树叶、没有两个相同的指纹这类命名来讲，亦是如此。

因此，不仅命名，对所"命"之"名"的使用也总是一种再命名的活动或过程。既没有特定或专有含义，也没有普遍或通用含义的情况表明，对任何人来讲命名都不过是武断的和方便的代码，全靠不停地宣讲和教育才为人接受或理解。从对象性的角度讲，一个东西不可能自己给自己命名，所以我们不知道名称是怎么来的，至少不可能知道为什么要把某个对象叫做某个名字而不是别的什么名字，比如为什么猪要叫做"猪"而时间要叫做"时间"。也许正因为如此，命名和对象的各自内容未必一致，也就是命名未必都表示了对象的真实情况。事实上，更多的情况恰恰是二者的不一致，所以命名得以理解和运用从本质上讲是一种强制性的需要，而且是由于需要得以持续维持的，不需要的东西（名字和事情）会被遗忘或废弃就是这个原因。

在实际情况中，命名与对象的关系往往并不一致，即使同一个对象在性质、内容、形态、特征等方方面面的存在状况是清楚的，也可能会有多个不同的命名。不过，如果仅仅是因为知识的局限，这种不一致只是暂时的，而且不同命名可以在学术争议中正常使用。同样，由于命名是一种活动，其含义并不仅仅局限于固定的名词，而且每个人都根据已有的命名所提供的信息，自己再另行命名。事实上，由于事情总是具有前因后果，尤其是各种活动及过程都有延续性，以至于各方对于这些不一致往往都知道区别在哪里，所以并不妨碍理解和运用，也就是命名和对象依然维持着相互需要的关系。

因此，这种不一致指的并不是学术观点，而是命名本身的容纳

特性，甚至包括知识错误。比如，熊猫属于熊科而不是猫科，所以
台湾把它叫做猫熊是对的，但大陆已经习惯叫熊猫了，而且并不会
因此引起什么误解。至于双方命名相同的"小熊猫"，其实既不属
于熊科也不属于猫科，而是独成一科，就叫小熊猫科。在这种情况
中，对象是真实存在着的，所以它尽管需要命名，但并不排除接受
或使用多个名称。事实上，具体命名并不准确，以及一个东西有着
不止一个命名的情况是很多的，甚至是普遍存在的现象。比如，红
薯又叫做番薯、甘薯、山芋、白薯、地瓜等，而马铃薯又叫土豆、
洋山芋等；在中国，过去读过书的人除了姓名还有字和号，而且往
往还不止一个号。

　　然而正因为如此，命名和对象的一致与否既不是任意的，更不
是在内容含义方面没有限度的。无论从逻辑还是经验上讲，这个限
度就是影响并决定命名和对象相互需要的真实性和可能性。这方面
的限度大致包括两种情况，一个是容忍的程度或范围，另一个是主
观意图，包括善意还是恶意、故意还是无意等。

　　比如，共和国是一种国家类型，但由于国体的不同，"共和国"
作为命名就可能具有不同的含义，不能相互替代。在此意义上讲，
"共和国"和"中华人民共和国"就是两个性质完全不同的政治概
念，各有其确定的含义，不能相互替代。中华人民共和国的国体是
经由共产党领导的以工农联盟为基础的人民民主专政，而其政体则
是人民代表大会制度。因此，当用"共和国"来指称"中华人民共
和国"的时候，只是一种简约的表述，否则就成了一种命名或再命
名活动。

当然，不管上述那些不一致是不是故意的，至少它们已经表明，这种不一致不仅是能够容忍的，而且至少并不妨碍对命名的理解。正因为如此，用"新中国"而不是"共和国"来表示中华人民共和国不仅准确无误，而且比"共和国"更加有力和气派多了。"新中国"这个命名最早是毛主席 1947 年 5 月提出的："为了建立一个和平的、民主的、独立的新中国，中国人民应当迅速地准备一切必要的条件。"[①] 因此，新中国的"新"不仅是针对 1949 年 10 月 1 日以前的中国、也就是"旧中国"而言的，而且其生命力或历史进程的有效性至少包括向着共产主义方向的整个社会主义时期。换句话说，直到国家消亡，新中国的"新"都不会过时。

但是，对于各种不一致的允许有一个限度，就是利益。比如，把曾经的苏联叫做"前苏联"也是一种命名活动，但就命名的对象、也就是历史事实来讲，苏联只有一个，并无所谓前后。很显然，不管是否出于故意，"前苏联"这种叫法其实反映了命名的主观倾向，不然的话，实际情况明明是以前就有俄罗斯，为什么不把现在的俄罗斯叫做"后俄罗斯"呢？类似的、但说法相反的实例是埃及，也就是说，埃及的国家名字曾经叫过"阿联"（即阿拉伯联合共和国或联合阿拉伯共和国以及阿拉伯埃及共和国），可是几乎从未见过有人把"阿联"之前的埃及叫做"前埃及"而把现在的埃及叫做"后埃及"的情况。这里的不同，当然隐含了意识形态倾向的区别，也就是不喜欢苏联或当时那种制度的人喜欢说"前苏联"。但是，

---

① 《毛泽东选集》第 4 卷，人民出版社，1991 年，第 1227 页。

只要这种倾向不妨碍利益，就能够容忍，而且各方的理解也不会出错。换句话说，命名与对象的不一致如果不能允许或容忍了，往往是因为有其他的原因，而其中最重要或最根本的，就是利益。

显然，从任何角度来讲，一个人指鹿为马肯定是错的，但这种颠倒黑白的做法能否被容忍，却要看它是否妨害了什么利益。如果只是说说而已，或者逞强所以嘴硬不认账，那么不用理睬他也就是了。但是，如果事关重大，尤其是利益攸关，那就不能允许了。比如，不能把台湾叫做"国"，就是因为这样做所危及的是包括台湾在内的中国的整体利益。这个整体利益当然是指国家统一，而同一对象不同命名在这里所体现的含义，在于国家统一是一个尚未完成的任务，不管把这个任务叫做什么以及用什么方式来实现这个任务，比如叫做统一以及用和平方式还是战争手段等。

与根本利益相关的情况恰恰表明，命名的根据不在名词，而在于对于对象的理解和使用。在此意义上讲，命名与对象只可能在相互需要的关系中达致内容的一致性及真实性，而这里所体现的，正是命名的认识论和历史特性。比如，有一种看法认为，中国大陆和台湾仍处于相对分割的状态是"内战"造成或带来的历史问题。看起来，说"历史问题"似乎是在讲某种事实，然而这种看法恰恰是违背真实情况的，因为共产党一直反对打内战，所以真实的情况应该叫做"第三次国内革命战争"，而不是"内战"。

从命名与对象同在和命名与对象不一致这两种情况可以清楚地看出，所谓互相需要，其实是指知识的某种哲学特征。这样讲的道理在于，无论命名与对象同在还是不一致，这两种情况各自都仍然需要命名，所以也就表明这两者的关系有着某种特殊的含义，即命名与对象二者或双方的相互需要。对象不被命名就无从理解、掌握和运用，等于没有对象；命名是一种思想冲动和认知本能，所以即使没有对象也要创造出对象。如果说，有意义的本体存在从来就是被"选择"的，而不是"自然的"，那么命名作为认识活动也不可能离开选择，也就是说，命名总是自觉不自觉地与周遭的境况结合在一起。这种相互需要的两个方面合在一起，体现了哲学总是谋求解释一切的努力，所以说是哲学在处理知识方面的一个常态特征。与周遭境况的结合表明，命名不仅总是出于命名者对于对象的理解，而且也总是携带和体现着知识创造的历史。

所有的生活都是一个有着内部和外部联系的系统过程，其中最重要的功能和机制，就是连续不断的教育和训练。但是，教育从来就是双向的，而且教育者和受教育者都不是被动的，而是都在创新。这种情况、或者说相互需要的共同基础，就在于双方都假定有某种知识，而且把它们作为权威来接受。不同的是，这种权威的人格载体就是教育者，而受教育者往往承认或默认这些知识已经在自己之先由教育者掌握了。然而相同的一点却在于，命名就是教育和训练之所以可能的知识基础和认知机制。因此，即使是在接受教育的时候，比如幼儿时期，受教育者也绝不只是被动地"记住"命名给出的名字及其与对象的对应关系，而是自觉不自觉地用自己的理解和方式"重新"命名。我们不知道幼儿是怎样学会辨别对象和学会讲话的，但从逻辑上就不难推断，如果不是伴随着自主的命名，这种学习是不可能进行的。同样，如果没有学习者自己随时和随处的再命名，学生的成绩就应该是一样的了。

从方便的角度讲，命名为某种对象提供了一个代码或编号，但由此也就为后继的同类对象准备了"含义"和"意义"的标准或借鉴。这种情况本身就决定了，命名和它的对象的一致从来就不可能是完全固定的，而从运用的角度讲，命名与对象的关系具有包容性或选择幅度。换句话说，命名与对象的相互需要本身就是以不一致为哲学基础的，所以才会一边容忍无知、偏见、误解、从众、无意识等各种看法和做法，一边则保持命名的知识含义及其可理解性。一般说来，命名总是结合当下的境况，针对实际需要自主或主动调整命名的真实含义。这个"自主"或"主动"是潜在的，也就是命名各方对于命名对象整体状况的理解和把握，以及命名与对象关系的变化和拓展，所以与此相关的含义并不一定，而且往往也没有办法体现在命名的名称或词汇上。

前面我们说过哲学就是道理的道理，所以作为一种哲学活动，命名与对象相互需要的常态，恰恰在于很多对象其实原本什么也没有，不过是命名创造了它们。比如数学，尤其是对数字和运算的命名。试想一下，"根号三"是个什么东西？不仅看不见摸不着，就连弄个事物举例（比如掰着十个手指）都不行。事实上，作为一种子虚乌有的对象，人们宁愿相信数学是真理，所以肯定不会出错。但是，数学的道理不仅需要发现，甚至也有待发明。比如，著名的哥德巴赫猜想相信，每一个大于或等于 6 的偶数都可以表示为两个奇素数之和；每一个大于或等于 9 的奇数都可以表示为三个奇素数之和。然而之所以叫做"猜想"，是因为此命题所包含的判断尚未被完全证实或证明，就已经自我命名了，所以"哥德巴赫"不过是这个命名的符号或代码。其实，子虚乌有的各路神仙和传说英雄，比如吕洞宾和齐天大圣，也都是命名的创造。

由于认为命名的根据在于存在某种已有的东西，并且它们遵循着某种道理来活动，所以理智主义、民主化、工具主义的命名更多具有同质化的特征。同质化的确使得命名变成一件很容易的事情，并且好像名称越多、越细密，意思就越准确，所以学术领域就不断增加新学科，包括所谓多学科、交叉学科。其实，这种情况潜在的动力恰恰是命名与对象的相互需要，包括研究者维持既有的地位和特权，或者给自己多找一些供职饭碗。比如，已经有了管理学，还要分公共管理、行政管理、工商管理、社区管理、市场管理等。相对说来，经验主义、秩序化、浪漫主义的命名则更显得具有个性化，而且能够用较少的名称统辖较多的含义。比如宗教，一个"上帝"就管了所有的东西。

相互需要最多的情况，应该是再次、多层或多级命名。这类命名并不一定是因为有了错误或新的认识而需要重新命名，而往往是以排序、所在地以及惯例等命名含义之外的情况为依据。比如，每年都要给台风和飓风命名，但它们都是以前就已经有了确定命名的自然现象，所以各种本身并没有含义的命名似乎只是随机的代码，比如 2021 年 8 月在中国登陆的 13 号台风叫"康森"、8 月底在美国登陆的四级飓风叫"艾达"等。但是，作为有针对性的重新命名，历次的命名不仅具有时间和地点的含义，而且具有程度和类型的意义。比如，2004 年 12 月 26 日的印尼海啸，也称为印度洋海啸、南亚海啸，矩震级达到 9.3，造成了世界近 200 多年来死伤最惨重的海啸灾难，达 22.6 万人。

上述这些情况特征化地体现了命名与对象的相互需要，也就是说，台风、飓风、海啸等已经是被命名了的、有着确定内容含义的自然现象，所以再次和不断的命名才可以把它们作为对象。但是，这些看起来本身没有内容含义的再次和不断命名并不是毫无意义的随意符号，它们作为相应事情或情况的记忆或记录代码，以指称的方式表示相应的真实内容含义，也就是某个台风、飓风、海啸的状态和作用。正是命名与对象的这种相互需要，才提供了对台风、飓风、海啸等气候和地质变化及其影响的新认识，包括需要采取的相应应对措施和做法，比如预警、全球共同协力救灾等。

不仅是再次、多层或多级命名，命名与对象的相互需要还体现为不同类型并存的命名。比如，2019 年底和 2020 年初爆发的新冠疫情，由于"冠状病毒"是已有的命名，所以新出现的、和以前不同的冠状病毒就叫"新型冠状病毒"。接着又有各种变异的毒株，比如截止到 2021 年 6 月，世界卫生组织确认的就有"阿尔法毒株""德尔塔毒株"和"卡帕毒株"等三种新冠病毒变异毒株。采用希腊字母排序这种命名方式不仅是为了简单并易于使用和记忆，还在于避免在为新冠病毒变异株命名的时候出现污名化和歧视性的情况。但是，即使出现污名化和歧视性的名称，它们也不会取代医学分类中病毒原有或应有的科学命名。换句话说，与上述台风、飓风和海啸的命名不同，这些病毒的命名从形式上看可能只是随意或随机的代码，但作为变化着的病毒本身，它们就由于命名与对象的相互需要而成为有具体内容含义的病毒种类或类型，也就是病毒的不同类型并存的命名。

2. 互为转换的指称和事实

从上一节所说的情况来看，命名的多义性来自对象的不确定性，实际上这正是命名的"问题"形成的动因。这样讲的原因很简单：既然没有"事先"确定命名对象的存在与否以及内容含义，凭什么进行命名呢？这就是迫不得已，否则无法说话，所以命名往往具有权宜的性质。正因为如此，作为命名结果的指称才是命名的答案，所以实际情况就在于，如果没有"事先"的内容指称，命名是怎样具有真实的或知识的含义的。至少从逻辑上讲，合理的解释就在于指称和事实是互为转换的。也就是说，指称领受了命名的内容含义，但指称本身必须成为某种事实才能作为认识论的知识被使用，并在使用过程中显示自己的本体性存在。在此意义上讲，命名涉及的是认识论判断并提出问题，而指称则用本体论的使用方式给出相应的答案。

命名和对象尽管相互需要，但命名并不仅仅就是一个名字，也不能保证自己给出的含义是准确的和真实的。这里的原因在于，对象本来就是不确定的，否则命名就没有必要了，甚至是不可能的，所以命名的含义大于名称。换句话说，对象虽然被认为是某种"有"，但其含义却要靠命名来给出。在这种相互需要中，不仅对象的含义是待定的，而且命名作为一种活动并不能直接达到对象。

如果说命名是一个动词，那么它直接的宾词则是指称，也就是命名给出的有含义的代码。通过指称的含义，对象变为有意义的事实，所以指称和事实是互为转换的。比如，前面说过"人民共和国"和"共和国"作为命名不能相互替代，但如果在作为指称使用时的含义是指某种规格，那么"共和国勋章"里的"共和国"所指的就不是国体和政体的性质，而是表达了相应荣誉和奖赏的"国家级别"这一事实。

　　就一般情况或普遍意义来说，这里说的"指称"包括能指和所指两个因素或功能方面。其实，"能指"和"所指"这两个概念或者术语是我无论如何都不想采用的术语，因为它们一定会使人想到索绪尔的语言学或符号学概念。但是，经过千思万虑、挖空心思，我觉得真的很难找到更合适的词汇，因为至少由于语言本身的开放性，使得任何词汇的运用都具有"能够"做什么和"真的"做了什么这两个功能或两种情况，而与此最为贴切的相应词汇，就是能指和所指。因此，选用这两个词汇不仅仅是出于词汇本身匮乏的不得已，更是因为能指和所指这两个功能或两种情况直接涉及命名的成功与否，也就是说，讨论命名就不可能回避能指和所指。

　　当然，这样做的确有一个麻烦，即索绪尔早已（也许是最早）提出和论述了有关能指和所指的理论，而且影响很大，但我说的能指和所指在结构和含义方面都与索绪尔所说的完全不同。如果从学科来说，能指和所指在索绪尔那里讲的是语言的结构学，而我说的却是哲学的认识论或认识过程。由此，为了不引起误解，也为了更准确地理解本节所说的"指称"的含义和作用，就有必要先指出这种不同之所在，并以此作为本节讨论的认识论前提。

"能指"（Signifier/Signifiant）和"所指"（Signified/Signifie）是索绪尔语言学和符号学传统的重要基本概念。之所以说"传统"，是因为索绪尔之后仍延续着有关能指与所指的相关理论和观点，包括拉康对索绪尔的批判、巴特尔对索绪尔的倾力介绍以及霍克斯的观点等，尽管这些理论和观点并不一致。同样，这方面的必要厘清并不旨在评论这种语言学和哲学传统的对错，而是指出并说明我所使用的能指和所指与他们所使用的不同含义。

按照索绪尔的理解，一个东西总是有两个方面构成，或者说总是用两张面孔示人。一个方面是表示具体事物或抽象概念的语言符号，叫做能指；另一个方面是语言符号所表示的具体事物或抽象概念，叫做所指。之所以如此，在于语言的基本功能是一种意指作用，而这个功能的基本结构就是能指和所指的关系。能指的基本形式或载体是单词的词型或词音，而所指才是单词所表示的对象或意义，一般说来也就是意指作用所要表达的意义。比如，对于认识、理解、表达一条狗和某种绿色的存在来讲，它们的所指分别表现为或用做"狗"和"绿色"这两个词。但是，在这两个词分别被用来表示具体的某条狗和某种绿色的时候，它们就是作为能指的相应语言符号（即"狗"和"绿色"）的所指，而且一般说来这个所指所表达的同时也就是这个语言符号的意义。

其实，正如拉康所指出的，索绪尔自己也承认，不应认为能指作为语言符号总是有确定的所指对象，尤其是图像式对象，或者说总是指向某个所指。罗兰·巴尔特也认为，虽然能指是语言结构的一部分，但它和所指并不是一一对应的关系，也就是说，一个能指可以包含多个所指的应用，或者说可以对应多个所指。不过，尽管拉康对索绪尔的能指和所指持批判态度，但他似乎认为这个错误并不始于索绪尔，而是人类长期以来语言活动中的误解。

以上简括的转述当然不是索绪尔等关于能指和所指理论的全部，而且也只是我对这些的理解。不过从中已经可以看出，既然大家都认识到语言和符号不对等这个错误，至少是理论上的缺陷，可是又都没有彻底修正它，好像默认这是不可避免的现实似的，其中必有原因。事实上，这个原因的本质恰恰在于一个根深蒂固的矛盾，即一方面过于或片面强调语言作为符号系统的内在性和独立性，另一方面又不得不想办法设计一个由语言内部抵达外在东西的联络通道或载体。这个矛盾的哲学基础，就是舍不得放弃语言的独立性，所以在释义的时候就免不了总是在主观意象和感知的境况或圈圈里打转转。换句话说，能指和所指的哲学意义在他们那里主要有两个性质。一是仍然在谈语言，也就是把能指和所指都当成存在的代码，由此大致可以归为所谓语言学转向的哲学思路和特点。另一是隐含着"共相"的符号学，也就是把能指理解为主观意象或感知的共相，所以才认为能指和所指构成了"语言"（Langue）。

但是，索绪尔等语言学家或哲学家似乎并没有意识到，他们所说的能指不仅不能为所指提供完整的条件，甚至对于所指的意义成立来讲也是多余的。比如，要表达一条狗是什么品种、身材大小、年龄老幼等具体的存在特征，仅有"狗"这个语言符号、也就是能指是远远不够的，至少还需要"品种""身材""年龄"等其他的能指。这个道理对于表达具体的"绿色"也是一样，即至少还需要有表示不同的绿（比如翠绿、橄榄绿、深绿等），以及色相、明亮度、纯度等能指。如果这里的"具体"指的是某种绿色的东西或实体（比如一条绿色的狗），那么所需要的作为能指的语言符号就更多了。因此，所指其实是在指称的意义上具有真实含义的，而能指在这个过程或转换中几乎就成为多余。

即使不能保证上述总结完全符合索绪尔等观点的本义或原意，但就其总体旨向来讲，已经能够用来作为区别与本节所说的能指和所指的不同的参照。本节所说的能指和所指是形成或构成指称的两个认识阶段，其功能在于使指称成为落实了命名含义的有意义的事实。因此，这种能指和所指的学科归属或性质既不是语言学，也不是符号学，而是哲学认识论的功能机制。简括地说，此处所说的能指是准备接受命名的一种态度，表示对象准备接受命名所指定的含义；而所指才是落实命名含义及其意义的事实，也就以它所是的东西成为真实的事实。

作为两个认识阶段，能指和所指的关系转换不仅是直接的或无缝相连的，而且一旦启动就必将导向指称的形成。但是，既然无论从功能性质还是形式结构来讲能指和所指都是不同的认识阶段，那么不管这两者的关系多么紧密，它们都不可能像索绪尔说的那样，好比一个硬币的两面或一张不能分开的纸的两面。恰恰相反，与其说能指和所指同处一个空间结构，不如说它们分列为含义形成和落实的时间延续，而且在指称转换为事实之后（或同时），能指和所指的区分不仅不再必要，而且也不再可能。在此意义上讲，指称的时空结构就体现为事实的真实含义。

不管在对话中、写作中、还是自言自语中甚至想象中，领受了命名含义的指称本身都已经成为事实，无论这种事实是实体还是观念。比如，作为指称，"树"可以指某个或某种具体的植物，包括它或它们的品种、大小、多少、甚至是死是活等多种因素和含义，而"伟大"可以指某个或某种观念态度，包括道德、惊叹、对比、评价等多种因素和含义。因此，不是能指与所指一起构成了语言，更不是能指为语言符号、所指为对象内容，而是指称使得被命名的对象转换或成为具有内容含义的事实。在这里，能指和所指这两者既不是并列的关系，也不是多少（比如能指包含的内容和含义比所指多）的关系，当然更不是概念（或语言）和事物（或存在）的关系，而是指称成立过程的两个认识阶段。从这个角度来讲，尽管任何事实都可以看成是经由能指而形成的所指，但指称在这个转换中所表示或体现的状况，才是有意义的事实。

就像对象在命名中并不固定一样，指称也不等于对象，但有了指称对象才有意义，或者成为有意义的事实。所谓有意义，就是使对象的指称标识既有特定内容，又能普遍适用，比如不能今天或某处叫做"狗"的东西明天或在另外一个地方就变成了"兔子"。换句话说，命名的意义总是有针对性的，所以需要由指称标识出相应的具体情况，包括内容、含义和意义。但是，指称包括能指和所指，所以指称本身也是一种选择性话语，也即总是在确定或形成与指称相应的事实时，指称的含义才是真实的。事实如果是事实，它当然也是存在，但是，无论事实出现与否，指称总是等待着事实。由此，所谓指称与事实的相互转换所体现的是一种形态学的关系，指称在运用中将自己作为事实的标识，而事实则根据这些标识形成自己的具体内容和含义。如果说，命名的对象并不固定，或者命名与对象的关系不是一一对应的，那么指称就是命名抵达对象的中介，并由此将自己也作为具体的事实构成。

撇开语言的发生学不谈，现实是所有的字词已经存在了，并有效地被使用着。这些字词都是命名的材料，如果从思维离不开语言来讲，字词同时也是命名的工具，或者工具的一部分。指称承载命名并成为命名的结果，这个过程分为两个步骤，即能指和所指。尽管字词都是人造出来的，但在命名开始之前，字词对于命名只是一般的自然存在，而当命名启动之后或与此同时，能指就是字词在被命名使用的时候形成的表示命名内容的词汇。由于命名是自觉的认识（包括理解、表达、交流、指令）行为，这些词汇当然都有相应的指向，也就是被命名者的内容含义。这种内容含义就是所指，但这并不是说所指只是表示含义的语言符号或代码，而在它之外或对面才是承载含义的某种存在或什么东西。恰恰相反，所指作为指称的最终形成，它所承载和表达的含义就是存在的事实。正是由于这种情况我们才说，指称和事实是互为转换的，而转化所体现的就是有意义的事实；与此同时，字词以及词汇在指称运用中的功能性质是认识论的，而不是语言学的。

严格说来，指称和词汇是分立的，它们的一致性只在于形成有意义的事实，包括说假话。字词的"意思"也就是它们所承载的基本内容是固定的，否则命名与指称的关系将无法建立。以字词为基础材料，能指将字词的内容做成能够形成"含义"的词汇，而所指在落实这些含义的时候使自己本身成为有"意义"的事实。因此，命名的结果（或者说命名作为问题的答案）不是词汇，而是指称，并且由所指作为某个或某种事实的体现。换句话说，指称是落实了命名的现实，所以才又叫做有意义的事实。其中，能指是准备阶段，也就是挑出可供指称某个对象内容的命名因素，以便形成内容含义，而所指则把内容含义本身转换为有意义的事实。这个过程看起来是语言自己的活动，其实是认识对于指称的运用。

之所以说这里不讨论字词的发生学，是因为没有必要，况且对于最早的字词是怎么产生出来的研究，在很大程度上只能靠推测或猜测，即使有了相应考古资料或实物的佐证也是如此。至于说字词的数量已经够用了，一来因为事实如此，二来是因为能指和所指的使用与字词的多少没有关系。但是，这些情况并不等于字词真的就不增加了，当然也包括减少，比如冷僻或极少用的字词逐渐就被搁置、淘汰、甚至忘记了。字词的新增当然不同于所谓"最初"的那种字词形成或发明，但明显的事实在于，字词的新增本身也是不断的命名行为，它的形成方式包括综合判断和分析指定等多种因素或类型，也就是既有经验总结的依据，也有主观愿望的需要，还有理论和习惯等方法。因此，新增的字词既可以是另行创造的，也可以是对现有的字词赋予新义。

比如，英国首相鲍里斯·约翰逊曾提出一个施政的核心概念，叫做 Levelling up，翻译成中文叫做"拉平"，意思是在提升英国整体经济水平的同时，减少各地在发展方面的不平衡。然而没过多久，

"拉平"这个词就被用来表示对各种歧视，尤其是语言和种族的歧视的反对。又比如，在中国，随着网络在生活中的运用，旅游的时候往往使用手机或各种证、卡来为购买门票、出入旅游园区、使用旅游产品和服务、登记住宿等行为付款，所以就发明出一个新词，叫做"打卡"，意思就是到过什么地方了。类似的新发明很多，比如"佛性"，表示一种随性而安的平静的人生态度。"躺平"，表示宁愿生活水平低一点、生活条件差一点也不愿意去累死累活地竞争。

新增的词汇甚至可以完全不考虑它和已有字词的关系，尤其是所谓专业词汇或术语，因为它们原本就是用来命名的，所以可以完全不顾及已有的或现成的字词而人为制造出来，比如歇斯底里（hysteria）、美学（Aesthetics）等。这种情况在翻译中也是如此，比如清末的科学家、翻译家徐寿，就按照英语字母的发音和中国文字组合，制造了化学元素的中国字词。不过，这种情况其实与字词的"意思"没有关系，因为它们一般并不作为生活或日常语言来使用，或者反过来说，非专业的语言或交流也几乎用不着它们。

上述新字词形成的情况表明，不仅使用字词，而且制造新字词或创造性地使用字词本身都是一种命名活动，至少是需要命名因素的参与。命名活动并不是一劳永逸的，或者说一次完成了就不再改变的，也不是与命名对象在内容含义上一一对应的。已有的或现成的字词虽然各有其固定的意思，但并不具有含义，因为它们不过是命名运作或使用的各种材料、载体或符号。命名通过能指将字词做成所需要的词汇，它们虽然也以符号的形式出现，但却是作为事实与所指的含义相一致的，所以才说指称和事实具有一种互为转换的关系。在这种命名中，指称不仅领受了命名的含义，而且将这些含义本身做成了所指。因此，所指作为指称的第二个步骤所完成的不仅是命名行为的结果，而且是命名含义的事实性存在。在这个过程中，指称的相对独立性就在于它同时也就是有意义的事实，而不是什么别的东西的语言符号或名称，当然更不是任何意义上的共相。

命名当然需要运用语法，但作为命名结果的指称却可以与语法相分离，只使用或直接表示词汇的含义。不管哪种语言，也无论经历了怎样的发生过程，其语法都是人为制定或安置的。因此，不同语言的语法运用在本质上是一样的，如果不是这样，不同语言之间的互译就是不可能的了。但是，字词和发音的不同表明，词汇也具有和语法相似的独立性，区别只在于词汇并不必定需要规则，它可以，而且往往就是由于或通过命名领受了相应的含义，并以指称作为含义的事实来使用。由此，从认识过程的角度讲，指称和事实的互为转换就叫做有意义的事实。比如在上述创造新词的实例中，"拉平""打卡""佛性""躺平"等字词都是原有的，其语义和语用的意思也都是相对固定的，但是当能指将它们做成了词汇，其真实含义就体现为所指这个事实本身。无论是否借助或运用语法来表达这种含义，这种含义作为事实都是与语法无关的，至少语法对于这种含义或事实的成立都不是必需的。

一般说来，指称的含义总是要结合或出于某种情景才是真实的，否则指称很可能只是单向的标识，无法实施或完成具有理解和共识的交流。正是在这个意义上讲，由能指和所指这两个紧密联系的阶段所完成（准确地说应该是构成）的指称不仅不是字词、符号本身，甚至也不是词汇，而是运用了词汇的有意义的事实。比如，在特定的情境之中，某个确定的指称可能只是"喏""那边""那个"之类没有固定字词意思的发声或代词。不仅如此，指称之所以是一种有意义的事实，还在于它并不必需某种真实的东西（包括实体和观念）作为支撑。比如，"狼狗""晚霞""高兴""意志"这些词汇在作为指称的内容的时候，它们完全可以是想象中的、并不存在的、甚至故意欺骗的等"非真实"的东西，但这丝毫也不妨碍它们作为指称的事实，也就是既不影响对这些指称的理解和交流，也不会减损它们的功能作用和实效。

如果说，指称作为答案是命名所提出的问题的展开，那么从经验或使用的角度讲，指称与事实的相互转换还显现为事实的多样性和易变性。就认识而言，不仅命名不可能与对象保持一致，或者说不可能具有一一对应的含义，命名基础上的指称同样也有各种认识因素的参与，并且受到这些因素的干扰和限制。在这种情况下，指称含义的实现只能是由事实来体现的，也就是所谓有意义的事实。比如，同样一个指称，相应的具体事实可能出于善意，也可能只是习惯使然，可能是一个现实存在，也可能是一种故意欺骗。正因为如此，表达形式也会影响指称与事实相互转换的真实含义。比如，当以说话的方式讲出命名时，"语气"也可能成为指称含义重要的结构性因素，包括赞同、怀疑、反问、讽刺等。

在各种命名中，具有基础性和根本性的命名大多是概念，而理论或学术上对概念的争论也最为涉及事物的本质，甚至争论的频次也最多、范围也最广。但是，正如修改或更换概念也是命名的道理和逻辑一样，由于命名是一个活动，而指称才是活动得以进行的含义，也就是有意义的事实，所以争论并不是重新命名，而是对指称的运用。换句话说，不管某个指称应该以及实际上被如何理解，甚至也无论这个指称是真是假以及是否具有欺骗性，总之指称都是有意义的事实。所谓指称的多样性和易变性指的就是这个意思，或者说，指称本身的功能就是多样和易变的，因为事实如此。也许，这里的道理就在于生活的内容永远与理论的含义保持某种距离或差异，而编造出来的理论含义却可以永远比实际存在的生活内容丰富，同时又更能够避免理论自己受到直接的损害。

比如，当我们谈及民主的时候，这个指称表示事实就是有一个叫做民主的东西，包括理念、价值、制度、机制。但是，对于民主如何理解、怎样运作，以及如何评判等情况却是不一样的。最为明显的事实在于，一些西方国家，尤其是美国，一方面标榜自己在实施民主，攻击和污蔑别的国家专制、不讲人权，另一方面却为了自己的利益和意识形态需要，故意散布错误观点，甚至用特务手段破坏别国的民主。从政治学和社会学的角度讲，这种情况不仅是典型的双重或多重标准，而且是资本主义本性的必然显露。不过，从哲学的角度讲，这些情况或做法之所以可能，恰恰在于所有指称本身的多样性和易变性。一方面，这些不同的甚至矛盾和冲突的观点和做法都不妨碍民主这个指称的成立；另一方面，正是争论和不一致使得指称作为有意义的事实能够为重新命名提供动因，并拓展了含义和情境结合的空间。

　　指称的多样和易变当然反映或体现了各种真实的状况，换句话说，指称本身也是选择性话语，而且能够为不同政治主张做相同的理解和使用。正因为如此，人们可以故意或无意地利用或使用指称来造成习惯，或集体无意识，比如所谓民粹主义。我们知道，真正自我宣称为民粹主义的政治主张和运动出现在 19 世纪末，就是美国的人民党主义和俄国的民粹主义。这种民粹主义有三个突出的特征。一是宣称代表人民，比如美国人民党主义所说的"把共和国政府的权力还给人民"；一是诉诸民众和反精英姿态，比如俄国民粹主义号召的"走到人民中去"；再有就是反对工业化的贫富差距，以及对自然经济平等的理想化。就历史事实而言，所有这些民粹主义运动很快就都失败了，此后直到今天，世界上极少、甚至没有哪个政治主张和运动自称为民粹主义。但是，"民粹主义"这个概念却被西方民主弄成了一种意识形态另册，即对既有政治集团、阶层的权利和利益的挑战。

　　对所谓民粹主义的担忧和指责反映或体现了一种欲盖弥彰和自欺欺人的政治倾向。一方面，西方民主为了掩饰自己的政绩不佳，于是就用指责民粹主义来欲盖弥彰；另一方面为了保住所谓主流民主既得的统治地位，于是就阻止其他民主派别和新生势力上台。但是，指称和事实的相互转换，可以形成思想和学术界顽固的集体无意识，所以就自欺欺人地把不符合自己民主理念的东西都叫做民粹主义。

　　西方民主的政绩不佳已经是明摆着的事实，于是在需要推脱责任的时候，"民粹主义"就成了西方民主制度内部争斗的替罪羊之一。我们还可以反过来，从另一个角度看清"民粹主义"在今天的替罪羊性质，即西方民主从来不把自己给非西方国家带来的麻烦和祸害叫做民粹主义。比如，西方（尤其是美国）煽动和支持东欧搞颜色革命、在北非和中东策动和支持反政府势力、直接造成了恐怖主义泛滥以及连年的战乱和汹涌的难民潮，但是，等等这些都不会被说成民粹主义。同样，因为"民粹主义"是另册，是替罪羊，所以只要不对既有西方民主政权构成威胁，以及不涉及政党政治的争权夺利，同样的名称、哪怕是自我宣称的也会另有叫法或命名。对此，也许有一个最为典型的实例就在于，流行或大众艺术（Popular Art）和民粹主义（populism）用的本是同一个词汇，但是人们就直接用"波普"（Pop）艺术来指称前者，无论学术界还是社会上从来也没有人说过它是什么"民粹"艺术。

　　"民主"当然是具有重大含义的指称，而在日常生活的层面，指称具有多样性和易变性的情况就更普遍了。比如，在广告"用公筷，更文明"这两个词汇中，"公筷"这个指称与正在发生的事实重合或相符，相对说来也就是不存在多样性和易变性。但是，"文明"的多样性和易变性却是显而易见的，也就是它作为事实的含义甚至需要结合或针对指称的特定用法才能理解。不仅中国，其他国家也如此，比如德国在好文化的意义上使用文明，而法国则在好文明或好的价值观的意义上使用文化。因此，在德国文明的含义比文化更具包容性，而在法国文明和文化是区分开的。事实上，如果将文明看作人所创造的一切，那么它就无所谓好坏，而文化则有好有坏，所以倡导"用公筷"的性质应该属于文化。但是，指称的多样性和易变性使得人们可以不在意、甚至故意忽略这些区别。因此，上述的广告语看起来似乎是对指称的随便或不经意使用，然而即便如此，从实际效果来看，恰恰是由于通过用"更文明"来代替"更好、更卫生、更安全"这个本义，才提高了后者含义的重要性。

由于具有多样性和易变性，指称其实也是需要解读的，甚至人类社会也正是利用这种多样性和易变性来维持认识过程的有效性的。关键是谁来解读，权威性何在。不过，这个话题已经进入到下一节的说明与陈述了，这里仅指出和指称与事实相互转换直接相关的两种可能。其一，很显然，指称并没有真正的或者说绝对的权威，因为即使出于某种外力的要求和控制，这种做法本身已经表明超出或违背指称的本义了。其二，至于解读，应该也是相对具体境况而言的，所以多数情况下对指称的解读并不是完全自觉的，或者说，是从事实的现状和可预期的结果出发的。

作为一种特征，条件的多样和变化似乎没有什么可怀疑，但是，事实的多样性和易变性就很可能受到理智主义的科学，尤其是分析哲学的反对。在它们看来，真理以及正确的东西必须具有普遍性，而多样性和易变性就成了"反常"的东西的特性。其实，这种怀疑和反对也是一种胆怯和偷懒，就是既想掩饰自己不了解事物的变化，尤其是具体的事务运作技能，又要维持自己已经过时的知识权威，于是就用"纯"理论和定量分析来吓唬人。在这种境况中，真实的指称或者说有意义的事实反而是一种难以分析的麻烦。

3. 小结

命名是一种认识活动，具有过程的动态特征。命名的直接形式是给对象某种有含义的符号，但这些符号并不是固定不变的指称，甚至其含义也不局限于既定的知识规范，而是结合了当下现实及其历史和趋向的判断。因此，命名既不是专词、通词，也不是摹状词，那些只是意思，充其量算是内容，还不是含义，或者说是尚没有含义的一般的词汇。动词的命名总是、或者说总可以成为问题，名词的指称则是答案，也就是由对象落实为或成为的各种事实。因此，对于命名来讲，作为存在状态的对象也是一种"有"，但它的"是"所表达的东西往往不可分析，所以很可能是伪命题；而作为判断结果的指称的"是"所表达的东西是可以分析的，所以大多为真命题。

指称作为答案是命名所提出的问题的展开，而作为认识过程中所要确定的内容含义，指称包括能指和所指。能指是一种转换的态度，表示对象准备接受命名的意思，所指以所是的东西形成具有内容含义的事实。作为认识过程，命名与指称的关系经由各种教育和训练被理解、接受、传布、运用。命名与对象相互需要，但对象并不确定，命名也无法直接达到对象，所以命名在其对象方面具有内容的包容性和含义的容忍度。

对象的不确定性，使得事实需要相应的指称才能够成立。由此，命名通过指称使得对象成为有意义的事实，即指称的中介性使得它能够与事实相互转换，从而也就使得命名与指称的关系具有真实性。

指称既不是字词和符号，也不是词汇本身，而是对于词汇的运用。在这种运用中，指称与事实是一种形态学的关系，即由两者的相互转换确定出命名的具体含义和应用针对。尽管这种转换本身具有多样性和易变性，但正因为如此，由指称所表示或体现的状况才能够总是有意义的事实。

第四章 说明与陈述

如果从问题与答案的功能形态来讲，在前两章里，选择与存在要说的是世间万物为什么是它所是的那个样子，因此具有本体论性质，而命名与指称要说的是如何认定我们知道世间万物就是它所是的那个样子，因此具有认识论性质，那么，本章说明与陈述要说的就是怎样运用知识来把握世间万物的道理，因此具有方法论性质。与此相应，作为问题，选择提供的主要是命题，命名提供的主要是概念，说明提供的主要是证据。不过，这里讲的证据并不是某种实证的事物或概率的统计，而是使我们知道"知道了"的基本方式，即说明与陈述的问答。

说明与陈述之所以无处不在，或者说人们之所以随时随处都需要说明与陈述，在于它们是"知道"的必需。我们总是知道或自以为知道了什么才能够进行思维和行动，说明与陈述不仅是这些"知道"的工具，而且承载甚至构成了这些"知道"的内容和意义。无论自觉意识到与否，我们总是"知道了"什么才能采取相应的反应，包括认知、判断、决定、行动等。这种知道了不仅需要告诉别人，也就是相互沟通和交流，更重要的是首先要使自己明白是怎么一回事。为此，我们也就总是处于某种"说明"的状态，既要说明尚没有内容含义的对象，也要说明"说明"本身。换句话说，说明不仅提出问题，而且说明的内容就构成问题的性质，或者说成为问题本身的真实性的证据。正是有了这种证据，对说明的陈述就成了将问题告诉别人或者让自己明白的基本方式，也就是作为问题的说明的自我展开，或者说是以说明与陈述的方式进行的问答。

说明提供问题和内容，陈述既是这种提供的方式，也表达或传达出具体的含义和意义。因此，相对说明来讲，陈述似乎并没有自己的内容含义，否则陈述也就变成说明了。但是，恰恰因为这种问答作为证据的真实性使得陈述无须顾虑自己所要表达或转达的东西存在与否、是真是假、是对是错。由此，陈述自己反而获得了相应的独立性，从而能够以各种陈述作为说明的具体答案，或者说是说明所提出或设置的问题的具体展开。也许正因为此，我们在日常生活和工作中更多的情况就是相互陈述，说明反而不常见，仿佛是隐退到话语后面去了。

上述由说明与陈述的问答构成或体现的功能形态，就是知识，包括已有的知识、新创造的知识以及认为应该有的知识。按照现代汉语词典的说法，知识是人们在改造世界的实践中所获得的认识和经验的总和。这个定义是否准确并不重要，因为无论如何总是有一种我们认为我们知道了的东西，以及确实在事件或活动中总结出来的经验，所以我们就把它们叫做知识。但是，这些"认为""知道""总结"以及"叫做"本身或者支撑它们的根据和内容，也都是一种知识，至少是知识的构成部分。这样看起来，我们很难用知识给知识下定义。不过，既然知识的存在不容怀疑，所以我们真正可以做和应该做的事情，是弄清楚知识是个什么样子、有什么用以及应该怎么使用。本章说明与陈述所要讨论的就是这些内容，主要包括知识的存在形态和道理的运用导向，而这些讨论和内容所提供的东西，或者准确地说这种讨论和内容本身，就是上面所说的"证据"。

　　为什么需要说明？这个提问看起来很傻，因为它似乎是认识所有事物和做所有事情的必须前提，所以也就成为几乎无法回答的常识。从形式上看，人总是需要学习，也就是通过说明来知道什么东西。另一方面，的确也总有一些人，他们比别人提早知道、理解、明白和掌握某些知识，于是为了将这些知识教授给别人，就需要相应的说明。他们之所以能够这样，或者在于比一般人更加智慧聪明甚至具有先知先觉，或者是因为有比别人更好的学习机会和训练条件，又或者恰逢各种好时机和好运气。人除了认识知识还包括积累经验，所以经验的总结和运用不仅同样需要说明，而且也需要学习和教授。不过，不管哪种知识和经验，相应的学习和教授都是说明的内容和形式，而且严格说来它们本身也都只是知识运作的一种状态，而不是为什么需要说明的原因。

　　事实上，之所以人类或人类社会需要或具有说明这种活动的根本原因，在于人类与生俱来的不自信。从认识角度讲，人不是神，不具备先知先觉和先见之明，更没有办法无凭无据地就相信自己的认知、判断、做法是合理的、正确的、安全的。这当然是肉体功能固有的局限，不过从方法论的角度讲，这种不自信反映的恰恰就是人的周遭境况，即认识无法直接达到道理，或者说道理并不自己显现。因此，所有的人，无论聪明还是愚笨、富有还是贫穷、强大还是弱小，只要是活着并且还想活下去就每时每刻都要问自己，尤其是要使自己弄明白，他（或她）的周遭是什么东西，而他（或她）又应该怎样应对。换句话说，说明首先是自己说给自己听的，而不是外在的和对象性的学习和教授。或许，好奇也是与生俱来的，但真实的好奇恰恰是在自信的基础上才是可能的，所以仍然算不上人之所以需要说明的最根本原因。

不管需要说明的原因是什么，从功能和方法的角度讲，说明发现、认识或制造、发明某种规律、道理、方法、技术，而陈述则把所有这些说明都当成已然存在的、并且为真的东西加以表达、传播、解释、保存。很显然，至少由于说明不是一次就完成或结束的，所以越是需要进行说明的时候，说明本身就越是问题的提出或设置。然而，陈述却用不着顾及这些，只是把说明本身当作道理或境况来表达或传达即可。由此，陈述所表达或传达的东西及其含义和意义，就是针对说明及其提出或设置的问题所给出的答案。

但是，问题也有不同的结构，它们决定了陈述所表达的内容的性质。一种结构是需要说明的"有"在问题自身，比如"明天天气如何"。这种问题的答案陈述有多种，但都是相应"问题"（在上述例子中即"天气"）本身所有的，包括某种状态。另一种是需要说明的"有"在问题之外，比如"你打算吃什么"。这种问题的答案陈述也有多种，但都不是相应"问题"（在上述例子中即"吃"）本身所有的，而是对象性的"有"（即吃"什么"），它作为选择性的"境况"外在于问题自身。

由于说明是一个持续的认识和探索过程，所以说明自身也需要陈述，即是说，说明的过程也总是需要进行各种沟通和交流。因此，有说明才有陈述，至少从逻辑上讲是这样，而作为某种整体的方法，说明相对说来是探究或发现，陈述则是表达或展示。与此相一致，说明与陈述的问答包括两个主要功能，即弄清楚为真的知识和为善的道理的基本方法，也就是知识的存在形态和道理的运用导向。换句话说，说明与陈述的问答既是知识存在的一般形态，也是为应用或使用道理提供规则和价值导向的一般方法，而这正是本章的前两节分别讨论分析的话题。

不难理解的是，作为知识存在的一般形态和运用的一般方法，说明与陈述不仅受到相应的或具体的文明影响，而且很可能与同时期的文明具有某种同构的关系，也就是文明的运作和说明与陈述状态具有相同或一致的机制和特征。本章第三节将以某些典型的情况为例，具体指出和阐明这种同构关系，即说明与陈述的问答在今天越来越具有或显示出的广告化机制及其特征。

1. 知识的存在形态

从唯物论的反映论来讲，作为认知对象的知识是客观的或具有客观性，也就是被发现的客观规律，而经验作为大概率成功的方法，在实践的意义上也是客观的。不过，知识的存在性质并不在于客观还是主观，而在于成为知识的某种特殊形态，即说明与陈述。当然，作为认知活动，不仅知识，经验也需要说明，包括对于对象的解释和改造。为了说明的可理解，以及说明过程中的沟通和交流，必须有相应的陈述。因此，能够理解或知道的知识是由说明与陈述的关系互动构成的，尽管说明与陈述本身也是一种知识，至少是经验运作的技术或技巧。

虽然人们随时随地都在运用知识，但是作为概念，"知识"的含义似乎是模糊不清的，因此也就难以确定有某种叫做知识的东西的存在根据。比如，如果没有语言，知识的载体是什么呢？当然，经验丰富或训练有素的人可能凭直觉就做出判断和采取行动，也就是仿佛什么语言也不借助就能知道情况并做出相应的行动反应。进一步说，动物没有语言，至少没有我们人类那种完善程度的语言，更没有文字，但显然很难说它们完全不理解、认识、掌握和运用知识。不过可以确定的是，所谓"动物语言"实际上是从人关于知识含义的理解来类比动物的某些功能，所以这种理解和类比本身就需要说明与陈述。换句话说，定义知识的困难似乎在于知识的含义与知识的存在形态具有某种同构性，或者说，我们所处的真实境况就是相应知识的具体含义，或这种含义的构成因素。

罗素用"人类的知识——其范围与限度"为名，写书总结他一生的哲学研究成果和观点。不过，他书里所说的知识主要指"科学"知识，而且还认为经验不足以构成这种知识。为了使知识的成立基础更加牢固，或者说经得起逻辑检验，罗素又提出了"保证科学方法有效所需的"五个"公设"，即准永久性公设、可以彼此分开的因果线公设、因果线中时空连续性共设、结构共设、类推公设。[①]
罗素关于知识范围与限度的证明也许是对的，因为他总是以不存在疑问的东西作为知识成立的基础，然后由此出发，像几何学那样一步一步推导出被证明的结论。但是，他的论述基本上旨在证明知识的可靠性，其方法基本上也都属于逻辑范畴，所以并没有直接或明确说明什么是知识。这样一来，逻辑作为所谓不存在疑问的知识基础算不算知识就是一个疑问。不过，这个疑问并不妨碍他的所有证明和分析也都是知识的一部分或积累，相反却印证了知识含义与知识形态的同构性。

　　不管什么知识，也无论以什么方式存在，总之都必须想方设法证明自己的合理性与应然性，也就是与规律相一致的存真和与道德相一致的运用。这种证明本身就是知识提供的哲学"证据"。由此也就不难理解，证明自己为知识总是需要说明，也就是提出、指出或创造某种东西（一般地说就是规律、规则和技术、技巧）的含义，而对这些知识的传授、存储、应用或运作则需要相应的陈述，即使是告诉自己也仍然需要陈述。在这种情况中，说明不仅就是知识的内容，而且说明本身的正确性使得它本身成为合理的或应该的道理。道理一经生成同时也就是相应问题的提出，而相应的陈述就成为道理的运用或应用的具体答案。因此，知识存在的总体形态，就是由说明与陈述关系互动构成的最基本的问答方式，而从机制和功能上

　　①　[英]罗素：《人类的知识——其范围与限度》，张金言译，商务印书馆，1983年，第580-592页。

看，这种问答方式大致包括三种情况。

其一，知识没有形状，主要靠物质载体、记忆、口授等方式存在。

形状当然不等于形式，不过形式在大多数情况下都会使人联想到与各种形式相关的外表，而且形状的确也总是具有相应的外表。这样一来，没有形状的知识这种说法似乎是不可理解的。事实上，如果一定要说（至少在逻辑上）没有没有内容的形式，也没有没有形式的内容，那么说明与陈述的关系互动就是知识的形式，而由说明与陈述构成的问题与答案，以及具体的问答本身就是知识的内容。

显然，几乎没有人能够不使用知识，因为一个人总要知道点东西，而这些东西是别人也知道的，所以这个人才能与别人沟通、交流，从而使自己活下来。但是，所有人都看不见也摸不着知识。尽管有书本、说明书、网络、计算机、芯片以及语言等等各种载体，但它们本身并不是知识，因为它们储存和表达的东西都不属于它们的意思、内容、含义。当然，计算机可以自己运算，从而产生某些意思、内容、含义，但它们作为知识是由运算这个功能支持和生成的，而运算恰恰也是一种知识，它依然不属于物质载体，所以相应的载体另有名称，比如所谓计算机硬件。因此，我们可以说，正是无形的知识用它的含义构成了人的存在的真实条件和周遭境况。

知识没有形状，却能够被人感知到，并对它们进行思考、研究和使用。这种情况表明，知识好像具有某种原动力的作用，但它又不是一种能量，也不具有能量守恒的性质，更不会出现熵增现象。

不仅如此，被认定的知识也会出错，以及过时。但是，错误的发现和纠正就是知识自身的形式之一，而过时本身并不等于过了时的东西不是知识，相反，对于过时的确定也是一种知识。因此，不管错误的还是过时的知识，它们本身作为知识并没有发生性质上的变化，而不是像能量那样，在使用的过程中总有一些能量变成无用能。事实上，这种情况之所以可能，在于相应的原动力作用并不来自知识本身，而是由持续不断的说明与陈述的问答提供的。

其二，知识不占有空间和时间，但知识的内容和含义具有独特性、完整性、创新性。

按照"其一"所说，既然知识没有形状，当然也就不占有空间和时间，但这只是从逻辑上讲的，还需要结合具体情况加以分析。前面说过，虽然知识可以用各种方式记载和储存，但这些方式应该是知识的载体，不是知识本身。不过，这种说法并不能直接用来表示知识不占有空间，因为知识确实就在各种载体"里面"。比如，如果没有书本，不仅知识不可能流传至今，并不断积累，而且人们也没有办法查找、取得和使用知识。因此，所谓不占有空间，除了指知识载体与知识内容的区分，也就是没有形状的内容的独立性，还指空间的不确定性，也就是载体的大小与知识的无形并不具有任何比例关系。比如，一个图书馆的书籍所承载的知识，也许用几个磁盘就能装下了。

所谓知识不占有时间的情况也是如此，即不能只停留在逻辑层面来理解。明显的事实在于，无论从记忆功能还是传播方式来讲，知识都具有延续的性质，也就是占有时间。但是，人们从来都不是根据知识存续的时间长短来判断它们的正确与否，以及决定是否使用它们。换句话说，知识的合理和有用与否都不是由它们存续的时间长短来决定的，对知识的认知和理解也不是按时间长短来划分的。因此，知识不占有时间的真实含义主要是从用途或功效的角度讲的，也就是人们仅仅是根据自己的需要对知识加以取舍，尤其是这种取舍的对象和依据在不同时期都可能完全不同。比如，对于同样一种教科书，既可以随时阅读、参考，也可以弃之不用，还可能根据需要加以修改。

无论从学科划分来讲的体系，还是出自经验的技巧，每一种知识都是独特而完整的。也就是说，不同知识可以相互借鉴，相互交叉，相互重叠，但各自特定的含义不仅相对独立，而且自身也不可分割。现在有许多交叉学科、亚学科、多学科等具有综合特点的知识，但这种情况之所以可能，恰恰是因为每一个体系以及其中的各个知识方面所具有的独特性和完整性。换句话说，正是这种独特性和完整性，提供和保证了各种知识相互渗透和相互分享的可能，而且任何知识都不会因为使用而减少，也不会因为不使用而得到累积。比如，我们知道了电磁感应现象，就可以利用切割磁感线的运动来发电，但这并不会使电磁感应现象的能力以及它作为知识有所减损，而不利用它来发电，这个能力或知识也不会增加。

严格说来，任何知识的诞生都是一种创新活动。创新意味着某些东西原先还不曾有，所以需要说明，尤其是向创新者自己进行说明，而这种说明就是创新提出的问题。但是，创新的东西要成为知识，还必须经由陈述，这不仅因为知识是公开的、全人类的，更因为说明的内容作为问题的答案总是由具体的陈述构成的。当然，现实中对知识保密的情况很多，而且还为此设置了所谓知识产权。但是，这些都不是知识的本性，也不是知识的存在形态，而是另有目的。比如，主要原因或大多数情况都是为了获取更多更大的或垄断的利益而设置知识产权，一些知识的暂时保密更是有着政治战略、经济利益、商业竞争、甚至国家安全等各种知识之外的原因，至于个人，甚至可能由于对自己的不自信，或者过于严谨以及为了颜面等缘故迟迟不公布创新成果。

不仅知识不能随意分割，知识的创新和增生也不取决于量的积累。不同的知识结合在一起很可能会产生新的知识，但这并不影响这些知识各自的功能性质和存在形态，而且新生的知识也不等于参与结合的各种知识的总和。比如，超材料可以使光线在自己身边弯曲，也就是光不再走直线，就像在黑洞或某些超大星体那里发生的情况一样。这里涉及多个领域和学科的知识，包括数学、物理学、化学、材料学、经典光学、光学、光电子学、甚至宇宙学等，但这些知识仍然保持各自的独特性和完整性，而真正的创新就是"光线弯曲"本身，包括关于它的理论和技术。因此，光线弯曲这个知识既是创新的，同时也吸收了各自独特而完整的其他知识。

其三，知识具有属人的特性。

知识具有所谓客观规律，但一方面只有人发现了这种规律，相应的认知和经验才成为知识，另一方面，人也能创造一些知识，包括人为的要求、经验和技术。这两种情况都表明，知识不是外在于人的客体，而是人的认识来源和结果。

知识有三种形态，都是属人的。一是被证明的或已知的，基本上就是"能够重复使用的"，比如制造汽车。二是认为知道的，它与"一"的根本区别就是尚未得到重复使用的证实，但"道理"上可能没法被否定。三是认为不知道的，这是最难把握的，严格说也是所有类型的知识的前提。如何知道"认为"不知道是真的，就是问题，而这方面最基本的形态包括对象化和非对象化。认识活动如果是真实的，就必须有认识对象，但是，如果要"证实"这种对象化认识的真实性，认识主体本身就与认识对象处在同一形态了，所以又叫做非对象化。因此，对象化和非对象化是两种不同针对的知识形态，它们不仅是最基本和最普遍的两种答案形态，其内容很可能也是不一样的。

无论对于上述哪一种知识形态，当我们说到"真"的时候总是会想到"客观""规律"这些所谓不以人的意志为转移的东西。其实，当且仅当这些东西具有了属于人的需要、认识、使用等特性的时候，才可能成为知识。比如，"盐"是客观存在，但是当人对它一无认知的时候，它的存在与否是不可能以知识的方式与人构成关系的。同样，盐有不同的盐，而它们的区别也是在人的认识过程中具有意义的，并且随着人的需要，岩盐、海盐、井盐等不同的盐矿被人以不同的方式开采出来。这些不同方式的依据可以叫做自然规律，但是，需要盐、认识盐、开采盐、使用盐等所有这些活动的进行才使得这些自然规律成为知识，而且，这种知识还包括并不那么"自然"或"客观"的人的相应经验和技能。与此同时，与这些活动相应的说明与陈述互动及其问答，既使得这些知识具有了属人的特性，也是这些特性含义的体现或证明。

在上述知识形成和运作的整个过程中，采用的方式也都是人所具有的说明与陈述功能的问答或对话。这种情况或道理在所谓社会科学和人文科学中甚至看得更清楚。比如，历史知识告诉我们，曾经有个秦王李世民发动了玄武门宫变，并杀死了自己的兄弟。由于是历史，也就是过去的事情，所以它作为知识首先是因为它被当时或稍后的人记录了下来。其次，不管这些记录是真是假，相应的评价是对是错，它们都是陈述，当后人面对的陈述这时候，只能把这种陈述所表达的事件及内容含义当成真实的东西。换句话说，所谓真实的或客观的东西，也即"事实"或"史实"在这里都是由说明给出的，也就是初次记录时候的态度、认知、取舍、分析等做法，而且这些说明一经给出，就以陈述的方式具有了真实含义，以及对相应事件或内容进行评价所具有的意义。

不管后来的人是否怀疑既有的那些记录（也许还有口口相传的故事）的真假对错，他们要想知道"真相"，就只能靠自己的再说明，包括猜测、直觉、新发现的历史文献和考古资料的佐证分析等。根据同样的道理，每一个新做出的再说明在进行陈述的时候，都只能被当做是真的和对的东西，而正是这种"当做"使知识具有了或被赋予了属人的性质。至于"以史为鉴"之类的知识，不仅具有更加明显的属人性质和更加突出的实用性质，而且还需要有相应的价值导向，不过这些已经进入下一节"道理的运用导向"要说的话题了。

由上不难看出，说明主要提出并证明某个东西（事物、现象、规律等）为什么是真的，陈述则作为具体的答案，展现和落实这些东西怎样为真的。这些东西的属人特性，就在于我们是通过它们的"意义"而把它们作为，或者"知道"为某种知识的。在此，"意义"是有内容的作用或作用因素，而"含义"是对于内容的表述。两者都可能真，也都可能假，但含义是客观的，而意义却很难有主观与客观的区分，或者说意义是排斥主观与客观的区分的。

比如，"时间"是客观的，但这种客观性在表述的时候只能或必需相对时间与"空间"的关系而言，而对于"意义"来说，时间的内容、甚至时间得以成立的根据都是"记忆"。因此，从意义的角度讲，没有记忆就没有时间，而且即使记忆的内容是客观的，记忆本身却是主观的。动物应该也有记忆，但显然不具有人的记忆的"意义"。人的所有活动（思维、表达、指令、理解、交流、行为等）都是根据记忆做出的，这样讲的理由至少在于人无法以尚未"到来"的时间作为任何活动的根据和场域，相反，是各种既有的和当下的意义构成了"知识"，也就是人得以进行各种活动的基础或前提。

不过，属人的性质并不等于、也不能保证相应的知识都是对的，相反，却可能人为地削弱甚至割裂说明与陈述的联系。比如，就知识的本性来讲，并没有主观和客观之分，但由于人的需要，它们就被分成社会科学、人文科学、自然科学等不同的知识类型。这样做看起来、事实上也的确是为了方便，不过却也隐含着一个使说明与陈述相分离的倾向，即社会、人文这些东西需要有人来给出道理，也就是说明，而自然的东西应该自有其道理，所以相应的知识不过是代为表达，也就是陈述。

之所以会出现上述偏向，很可能仍然是出于人的不自信，当然也就是哲学的不自信，于是就想另找一个东西来支撑。这个东西就是所谓的自然科学，以便可以把它们那种自身具有道理的陈述方式，用来说明承载并体现了人的道理的社会科学、人文科学等知识类型的合理性和真实性。这个方式的基本原则和主要标准就是大概率、可重复、能够从结果逆推出原因等，比如孔德就是按照这种思路建立社会学这个学科的。直到今天，认为社会科学和人文科学不如自然科学更具有科学性的看法还是相当普遍的。不过，这方面的话题在第七章的"认识分类"一节还要专门讨论，就这里的话题来讲，这些思路、看法、做法的正确与否并不重要，关键是这种貌似自然客观的看法及相应情况的存在反而更加证明和突出了知识的属人性质，即知识归根到底是由人的说明与陈述的关系互动或问答做出的。

2. 道理的运用导向

各种知识都有其道理，而道理本身也可以是知识。但是，知识并不是力量，知识的运用才是力量，所以至少从效率的角度讲，如何运用知识就是一个重要的问题。运用也有应用、使用的意思，这里之所以叫"运用"，是为了更加突出这种机制在方法选择或采用上的自觉性。因此，说明与陈述在知识运用导向方面的问答，主要就是使自己成为合理和为善的道理。相对说来，说明创造道理，陈述加以贯彻执行，而导向的作用包括说明与陈述的创造和执行两方面，是对待道理以及运用道理的方法。

其实，无论自觉不自觉，也不管是明确主张还是潜在要求，任何知识的应用或使用都是以一个根据为前提的，即为什么是这样而不是那样对待和应用知识。这个前提性的根据，就是道理。前面说过，哲学是道理的道理。因此，哲学不仅具有更一般性的道理，而且还有责任，或者说还要有意识地、自觉地指导道理的运用。换句话说，虽然道理本身也是知识，但它不仅具有知识的存真性，更包括功能实施的对错导向。说明与陈述的问答，就是实现这种道理运作导向的最一般的方法。当然，导向也可以强制制定和执行，但这不仅是某些时期中和条件下的特例，而且对于这种"强制"本身仍然需要说明与陈述。

在前面"融入的哲学"讲过哲学的改变现实的功能，那是指对待哲学的态度，与此相一致的，这里要讨论的就是哲学在运用知识方面的导向作用。换句话说，说明包括解释（已然）和改造（应然）两层含义及相应机制。① 从方法论的角度讲，说明并不是被动的解释，而是一种发现和创造，所以就包含为什么和怎样做的功能。比如，对于由某种病毒引起的传染病，隔离作为方法是基于知道了的知识，但其目的是控制疫情，并不等于被隔离的病人就不必须治疗了，更不能把他们消灭掉。这里的为什么和怎样做并不是由相关病

---

① 这方面的专门论述，见孙津：《哲学的样子》，团结出版社，2022年版，第3-24页。

毒和防止病毒的知识决定的，也不是依据相应知识的效率和利益最大化，而是由这些知识"之外"的导向为根据的，比如人道主义、生命权之类。同样，正因为如此，比如"安乐死"之类的做法一直就存在争议，也就是生命权是否能够属于个人自己。不过，由于并没有看见哪里规定自杀违法或犯罪，所以不同意安乐死的原因应该是防止有人借此实施他杀。对此，各种做法或可能的做法都是知识，而对各种做法的争议则是导向。

对于知识的运用来讲，最一般的导向并不是仅仅要求不出错，更重要的是能够尽量减少浪费和效用最大化。当然，这种运用本身也是一种知识，尽管多数情况下是从属于被导向的知识的。比如，对于如何做好一把木头椅子来讲既需要相应的专门知识，也需要经验积累和技术训练，所以这些知识和经验同时也就成了制作椅子的导向。就实际操作来看，这种情况至少包括制图（当然有经验的木匠可以在头脑中完成这个制图）和木工技术，以及如何节省成本和时间等，如果作为商品，还要考虑价格、销售等市场因素。正因为如此，能够尽量减少浪费和效用最大化就成了这些知识运用导向的一般要求和特点。或许，有些科学家不仅自己不考虑这些要求，而且的确也用不着节省成本和时间，尤其在有相应课题经费保证的时候，连研究成果是否作为商品也跟自己无关。但是，除了另有原因，任何人肯定都不愿意故意偷懒磨洋工，也不会不想取得更大、甚至最大的成果，包括相应的荣誉。

但是，本节要说的是另一种特定的导向，也就是属于应然性的要求。在性质上讲，这种导向属于善或道德的范畴，当然也就是某种形而上学，所以才叫做"道理"而不是"知识"的运用导向。换句话说，虽然这种导向本身也是一种知识，但它却"外在于"被导向的知识而独立成立。这种导向的基本功能就是对道理的运用制定规则，并在此过程中把这种"制定"当成一种独立的道理，甚至真理，而把相应的"规则"当成专门的知识。相对说来，这里的"制定"是说明，"规则"是陈述。不过，这种导向的合理性和为善性的证明既不由语言提供，也不在于逻辑，而是出于经验，包括形成相应的权威。惟其如此，这种经验不仅更加需要说明与陈述，而且也包括信念和理想，或者说使它们本身成为道理。比如，核裂变是我们知道的自然规律，制造和利用核裂变也是知识，而且包括认知和经验，但如何制造和利用核裂变就需要一种导向。这个导向要证明自己是对的，就不能仅限于把自己作为知识，而必须使自己也成为道理，甚至真理。

不过，道理的运用导向并不排斥尽量减少浪费和效用最大化的要求，相反，它在自身包含了这些要求的同时，将其转换或应用为合理性与合道义性的统一。因此，最好的情况是导向同时具备合理性与合道义性，尽管只具备某种单一的性质也行。比如，把猪的器官移植到人身体内，尽管一方面对治病有好处，但另一方面却很难避免伦理冲突。美国纽约大学兰贡医疗中心的医生和专家，把一颗基因改造过的猪肾脏，连接到一名有肾脏功能紊乱迹象的脑死亡患者的血管上，结果这颗猪肾在那个人的身体外存活的三天里，没有出现排异反应现象和情况。这例手术后不久，马里兰大学的医生又首次用转基因的猪心脏为另一病人做了移植手术，他活了两个月，于 2022 年 3 月 8 日去世。类似这种动物和人之间器官移植的知识和技术能否被社会或多数人认为合理合法，尤其是合乎伦理道德，都需要相应的运用导向，而这种导向要想具有真实的权威性，就必须使自己成为包含了相应知识的道理。

上述实例或话题清楚地表明，哲学如果以形而上学为借口继续采取鸵鸟政策，那不仅是不负责任的态度，而且更是放弃了哲学本身的整体性，至少是哲学功能的完整性。对此，说明与陈述在其道理的运用导向功能方面，至少需要应对和处理导向的根据、原则、目标、利益等话题。需要注意的是，作为一个整体，尽管说明与陈述的一般关系体现为说明提出问题、陈述给出答案，但是对于所要应对和处理的不同话题，说明与陈述各自所处的位置及其作用却是不完全相同的。因此，在实际运作中，如果多个因素出现冲突或合力减损的情况，就要选出最佳的因素，包括放弃一些暂时不具备条件的因素。概括地说，道理的运用导向包括三个主要功能，同时也是说明与陈述关系互动的三个方面，即提出或制造乌托邦、明确值得的原则和目标、意识形态承诺。

其一，关于提出或制造乌托邦。

这个问题关系到道理运用导向的价值依据。当然，各种理论或思想对于乌托邦的界定并不一致，而且历史上曾经有过的诸种乌托邦的确也是不一样的。比如，曼海姆就分析总结过乌托邦思想的结构变化，并认为它在现代历史上有过四种不同的形式，即再洗礼教派放纵的千禧年主义、自由主义—人道主义思想、保守主义思想、社会主义—共产主义的乌托邦思想。① 不过，如果不谈某个乌托邦的具体内容，那么在参考和比较历史上各种乌托邦的特性和形式的基础上，我认为乌托邦就是从价值为善的角度为现实提供根据的普遍理想。

所谓作为现实的根据，是指乌托邦使得未来永远成为当下，而当下则由于分享了未来才具有意义。现实的存在是无条件的，然而在第二章关于命名与指称的关系已经说过，这种自然的存在需要经由命名而具有内容含义，而乌托邦就是以理想方式给出的具有价值为善性质的命名。这里所说的价值为善，就是道理运作导向的合理性和合道德性，所以乌托邦也就是这种导向的根据。离开乌托邦，不管什么导向都无法建立，或者说，如果没有乌托邦，"导向"这个话题本身就是一个矛盾。

作为导向的根据，乌托邦的功能主要由说明提供，或者说，说明是乌托邦运作的基本方式，并给人们对陈述的相信以保证。乌托邦以提供某种终极目标的方式使得历史成为整体的时间进程，否则历史时间就可能散落为没有联系的片段，相应的空间，从而具有内容含义的事实也就可能失去了各自的特性。因此，人或者说人的社会不可能没有乌托邦，即使没有，或者已有的乌托邦不合适了、被忘记了或抛弃了，人也会再制造一个乌托邦。但是，乌托邦不可能是静止的、固定的、一成不变的，而它的变化参照正是具有意义的

① ［德］卡尔·曼海姆：《意识形态与乌托邦》，李步楼、尚伟、祁阿红、朱泓译，商务印书馆，2019 年，第 254-292 页。

现实的状况。因此，乌托邦虽然从道理的角度讲是现实的根据，而在具体实践中又需要根据现状来解释和调整具体的目标。换句话说，好的乌托邦应该是指具有真实而具体作用的乌托邦，包括两个基本原则和特征，即一方面具有明确的世界观，另一方面对所提出的理想持开放态度，反对单向的决定论。

不管是制造还是变化和发展乌托邦，它们作为道理的运用导向的基本方式，都是说明与陈述的问答。乌托邦不仅需要提出，尤其需要维持、延续、重塑，所以才说它是作为普遍理想为现实提供根据的。如果只注意具体的、孤立的事情，只关注眼前的成绩，乌托邦的元素就会一点一点地消释，最终否定自己。因此，乌托邦不仅需要说明，而且还要使得陈述不仅相信说明所具有的道德性，更要对于说明提供的合道德性的价值抱有信心。

其二，关于提出明确且值得的原则和目标。

做有意义的事情，或者说自觉地思考和行为总是有一定的原则和目标的，也就是作为值得去做的事情。然而，无论从道理的普遍性还是具体运作的特殊性来讲，困难恰恰都在于说明什么是"值得"的。值得尽管包括具体的利益，但作为道理运用的导向，其真实含义应该指"怎样"的做法是值得的，而不是利益获取本身。比如俗话说的，君子爱财取之有道。既然如此，值得的做法也不是指各种更多、更大、更好、更快的效果，因为这些效果作为利益的获取是内在于利益的，或者说是获利本身的目标，而且它的期望值没有止境。

看起来，"值得"很可能是从否定的角度来讲的一种原则和目标，即如何避免更坏的结果，也就是说如果不这样就会更糟。因此，值得在说明与陈述的问答中是一种反问，也就是说明给了陈述自己发问的权利。这种反问使得值得成为一种自觉的判断，而要能够使这种判断付诸实践，陈述必须是明确的、没有歧义的。比如，失去生命无论如何都算不上获得什么利益，但是，谭嗣同慷慨赴死是因为他认为当时的情况需要以这种方式来唤醒国人，所以这样做不仅是值得的，而且其原则和目标都是明确的。

前面说的核裂变和将动物的部分身体或器官移植给人，虽然有伦理和道德的争议，但毕竟还是技术层面的事情，而理想或目标还需要回答有关正义之类的话题。也就是说，必须对历来被哲学认为是形而上学的话题进行说明与陈述，而其中最为重要的一个话题，就是原则和目标的普遍性。不管做什么事情，都会有其遵从的原则和所要达到的目标，然而恰恰在这方面，参与各方很难达成有效的共识，至少不会有完全或高度的一致，所以说明与陈述也就越发显得不可或缺。不过，出现各种争议的原因或针对并不在于是否需要原则和目标，而是因为存在各种不同原则和目标的选项。换句话说，对于需要原则和目标这一点是共同的，所以说明与陈述的问答所针对的应该是所有选项的共同特性，也就是适用的普遍性。无论从理论还是实践来讲，这个共同特性就在于原则和目标本身必须是明确而又值得的，否则或者原则无法应用，或者目标不应该追求。

比如，人类迄今为止连绵不断的战争有一个共同的地方，就是人这个物种的自相厮杀。于是，相应的说明与陈述的问答所应该提出并应对的话题就在于，人类的自相厮杀是否合理，或者说有什么道理支持了这种厮杀。这种厮杀至迟始自有文字记载的时期，甚至可以推测的更加久远的时期，比如旧石器时代，直到今天，而且到可预见的将来仍将不断进行。即使把这个提问限制在国家或民族的范围，也就是所谓保家卫国、民族独立之类，那么，根据什么道理要这样做呢，或者说，假定某个国家或民族是应该和值得保卫的，又为什么一定要以国家和民族作为这种正义化身的基本单位或载体呢？

如果认为上述话题过于宏大，以至于和哲学的功能具有同样广阔的外延所以难以回答，那么可以举一个小的、日常生活的例子。比如，一辆油罐车漏油了，引来许多人围观，并且不听油罐车可能会爆炸的警告和劝阻，继续在哄抢泄露的油。终于，油罐车爆炸了，许多哄抢油料的人被炸死炸伤。对此，应该如何看待这些人的行为，又该如何做相应的处理就涉及明确且值得的原则和目标。比如，如果说人命关天，所以司机、公司、政府等方面都要负责任，那么这些不听劝阻哄抢油料的人们又应该对自己负什么责任。这里的原则和目标就很难完全一致，或者说，即使有公正的原则，包括司法判决，各方实际的负责任情况也很可能是不平等的。

尽管值得的原则和目标还必须是明确的，然而对于道理的运用导向来讲，说明与陈述的问答所面对的却往往是一种矛盾的混沌境况。这种情况最为突出的矛盾就在于，一方面各种技术迫使人不得不使用它们，另一方面人们很容易陷入技术带来的便利和享受而自欺欺人地把相应的害处甚至危险抛在一边。比如，人工智能和物联网的数字技术是不可阻挡的文明，以至于今后不再需要手机、计算机这些媒介就能直接实现信息的传输和使用。事实上，相关的技术仍在不断发展，而且现在几乎所有人都已经离不开数字技术了。对此，科学家和工程师担心的伦理底线是不能让人工智能和数字技术威胁人类，而在我看来根本就不应该在日常生活引入人工智能。不管是对伦理底线的担心，还是特定科学技术的取舍判断，这些不同看法都已经是，或者体现了各种相应的导向。但是，这些导向的原则和目标往往是虚假的，包括对赚钱动机的掩饰，因此它们的真实含义及其是否值得的选择取舍，就总是、也只能由说明与陈述的问答来支撑。

其三，关于意识形态承诺。

意识形态是一个到处都在使用，而含义又混乱不清的概念。我想，学术界都不会反对的一个事实在于，由于马克思和恩格斯的著作，意识形态具有了特定的含义。本来，意识就是人的观念，至于这种观念是来自对外界的反映还是头脑自己弄出来的，并不妨碍我们对于意识的使用，所以为意识赋予"形态"一定另有含义。

在《德意志意识形态》中，马克思和恩格斯从唯物主义的角度解释了意识，认为"意识在任何时候都只能是被意识到了的存在，而人们的存在就是他们的实际生活过程"。他们做出这个论断的直接目的，是批判当时唯心主义的典型形态，即"一般的意识形态，德意志意识形态"。于是，意识形态在马克思和恩格斯那里其实是一个否定性的概念，表示作为外界的反映意识自身并没有本体论的独立存在，当然也就谈不上什么"形态"。的确，在《德意志意识形态》的手稿中就有删去的这样一句话："几乎整个意识形态不是曲解人类史，就是完全排除人类史。意识形态本身不过是人类史的一个方面。"① 从全文的思想和观点来看，删去这句不过是为了写作上的完善，比如结构的顺当，而不是因为这句话不对。

很可能，由于马克思和恩格斯的批判所具有的科学性，而且也摄于这种批判毁灭性的打击力，所以并没有人怀疑或纠结"意识形态"这个概念到底是什么意思。不过，尽管不深究，在实际运用中意识形态的否定性指向，甚至贬义的特征却保留了下来。于是，对于意识形态的使用含义可以粗略地归纳为两种情况。一种是攻击对手，当然这种攻击不包括使用暴力压制，而是需要采取某种讲道理的方式。最为常见的，就是在宣扬自己的正确与合理的同时，揭露和批判对方的错误，想方设法把它弄成虚假的和没道理的东西，甚至把这种揭露和批判作为证明自己正确和合理的前提。另一种是从正面提出一套世界观和价值观，一方面从道德为善的角度主张或要求人们普遍遵从，另一方面公开提出落实这种世界观和价值观的相应承诺。

由上，根据历史和现状，我认为意识形态已经成了一个专门的词汇，其含义主要指某种要求人们遵从的、同时具有承诺的世界观和价值观。一般说来，意识形态是由占统治地位的阶级或集团提出的，或者是正在争取统治地位，而且很有信心达到目的，或者实际上已经处于上升状态有望实现目的的阶级或集团提出的。意识形态的承诺是由一系列目标构成的，所以与乌托邦一样，意识形态也不

---

① 《马克思恩格斯选集》，人民出版社，1972 年版，第 1 卷，第 21 页、30 页。

能只是空谈，否则它们作为导向的作用就难以实现或大为减弱。但是，意识形态承诺的兑现并不是利益交换，而是意识形态自身功能的重要构成部分。换句话说，意识形态对于道理的运用导向具有自身的内在性，所以在形式上也就体现为陈述对说明的绝对服从。

如果说乌托邦的性质主要由说明来体现，那么意识形态的基本功能方式就是陈述。虽然意识形态的提出或制作需要说明，但这种说明是由少数有特权的人做主的，比如掌权者、掌握话语权的集团以及为他们服务的知识分子等。意识形态一旦产出，说明就把自己掩藏起来，好像意识形态本身就是说明，对它的宣传和执行都只需要陈述。但是，这种陈述不能局限于表达和转达意思，更重要的是要反复和随时加以宣传，以保证产生所希望或需要的内容含义及意义。

就导向的运用方式来讲，乌托邦和值得的目标等做法也必须反复宣传，以有助于达到预期的效果，在这一点上它们和意识形态的做法是一致的。但是，意识形态的反复宣传是为了造成某种具有强大压力的形势和氛围，为的是使人敬畏，或者无暇思索地加以认同和遵从。由此，尽管意识形态在面目和方式上都排斥压制，但并不等于它不具有强制力，只不过这种强制力也是潜藏着的、非暴力形态的。比如，一个人可以不赞成、甚至不执行既定的意识形态，但绝不允许公开反对它。同样，意识形态也不是法律，对它的遵从和反对都是整体性的，很难有具体的条款分类和程度计量。不过由此也就不难看出，从说明的普遍性来讲，意识形态与思维的真实性无关，所以也是第二章所说的"选择"的典型，即陈述本身的选择。

其实，意识形态的陈述也具有某些创作成分，但更讲究规范形式，也就是程式、套话之类。这样做的原因很简单，就是要保证不使既定说明的意思走样，更要让接受者无暇顾及或想不起来去要求别的说明，更不可能对说明进行反问。然而正因为如此，从实际运用的角度讲，意识形态的含义甚至会被说明与陈述的分离而改变。在这种情况下，由于意识形态本身并不是哲学问题，所以也就很容易堕落为一种顽固要求别人听从自己的执着态度，而且把正面的、负责任的承诺变成负面的和不负责任的惩罚。

比如，如果仅仅是为了获得利益，那么和气生财、互助互利本是最简单省力的做法。但是，美国统治集团的意识形态所要求的是所有国家都认同和听从它的想法，所以就不惜挖空心思、兴师动众地到处干涉别国内政、颠覆别国政权、实施经济制裁甚至发动侵略战争，而这些做法的根据和旗号无一例外都是所谓民主和人权意识形态。事实上，意识形态的堕落使得美国总统撒谎成性，而且撒谎的时候从来都不脸红。这些情况一再表明，陈述的相对独立性，使它能够假借或利用说明的权威和道义做违背说明本义的事情，而且这种戏码仍在随时随处上演。

3. 广告化机制及特征

就说明与陈述的功能来讲，广告化机制不仅与前面所说的三种导向方式没有必然或内在联系，而且在性质和目的上甚至是相反的。至少，广告化机制既不需要乌托邦，也不需要意识形态，相反却是对它们的解构和否弃。但是，说明与陈述在方法上毕竟本来就具有某些类似广告化机制及特征的地方，比如反复宣传，而且随着科学技术手段的发达，广告化已经成为道理运作的最普遍和效能最大的方式。尽管很难说广告化机制和说明与陈述的问答有什么发生学的关联，不过 20 世纪以来这两者的相似倾向的确越来越明显，甚至可以说，广告运作的最一般机制，就是说明与陈述的自问自答。因此，有必要从现状和趋势的角度，指出广告化机制对于说明与陈述功能的影响和作用。看起来，这些影响和作用似乎都是负面的，但它们却真实地表明，方式方法的独立性在一定条件或情况下能够改变相应目的或目标的性质。

如果说，前面说的运用导向主要采取劝说的方式，包括兑现相应或部分的承诺，那么广告化机制则有一种造势的功能，包括被裹挟的集体无意识和与时俱进。比如，在意识形态那里陈述绝对服从说明，只是为了简洁有力而故意隐去了说明，而广告化机制根本不需要或者就没有说明，一切由陈述说了算。事实上，广告并没有真实的问题和答案，一切都是设计和制作，所以是一种自问自答。相对说来，在广告化机制中，说明采用的方式是设计，而陈述采用的方式则是制作。但是，从广告化机制的实际作用来讲，这种自问自答已经成为说明本身的陈述化，即无需内容含义的说明，只剩下形式上的陈述。相应地，陈述也就成为无需问题的答案本身，或者说问题的答案化。

有一句广告语，是某个广告公司为自己做的广告，它自问自答地说，广告就是为效果代言，为品牌发声。广告当然具有这种功能，但这仅仅是最为表面的陈述形式，而不是广告的特性。所谓特性，是指某种独有的属性，也就是只有此物具有而其他东西都不具备的性质。据此，我认为可以简括地说，广告就是合法的假话和公开的诱使。广告极其平等，所有人等一视同仁；广告也极为民主，同台表演完全透明。广告之所以要说假话，是因为真话不刺激，没有煽动性和渲染性，也缺乏号召力。

但是，广告从来不骗人，因为不仅没有必要，而且这样做也会由于违反广告法而受到制裁。事实上，广告造成的形势、趋势、氛围、倾向就是陈述本身，所以用不着再多此一举地骗人。由此，广告的合法假话和公开诱使，就是用没有说明的陈述所制作并表现出的一种示范，一种态势，也即所谓引而不发跃如也，或太公钓鱼愿者上钩，一切全等着入我门来。在这种情况下，几乎所有人和所有活动都被广告化机制所裹挟，无需思考也没有选择，形成了一切从众、在今天也就是一切从媒体的集体无意识。

由于是合法的假话，所以广告其实没必要说谎骗人，但也不说真话。它用华丽和夸张的修饰辞藻把密集的理念和要求包裹起来，全方位、无间隙、随时随地播放挥洒。网络、手机、电视、标语、口号、霓虹灯装饰、各种指示牌、文体活动，所有这些都被用来做广告，或者说都是广告的载体和形式。广告有一个最富特征的动员机制或功能，就是不提问题，没有问题，也不需要甚至容不得提问和思考，因为广告所说的理念和要求就是答案，就是时尚。人们不仅没有时间提问，而且也没有必要提问，一切事情共同跟着广告走就行了。

因此，在广告化的机制中，所有供求关系以及相应的市场都是人为制造出来的。比如，当广告说什么是健康、进步、科学、合理的生活和消费的时候，其实指的就是广告的被代理方已经开发出了的相应产品和服务，而被广告裹挟的人们随之就形成并提供了相应的市场。一方面，广告已经造成了各领域和活动的从众心理，另一方面，人们已经形成遵从广告的习惯，不仅很舒服地享受着广告带来的便捷，而且还自以为这是跟上了时代、代表了文明、体现了进步，所以也就乐在其中。因此，随着文明的变化，对于说明与陈述的问答方式来讲，当今的情况恰恰是它自己的广告化机制及特征越来越明显了。

当今文明变化的最本质特征，就是人不会休息了，而这既是全社会的广告化机制造成的，也是这种机制的原因。换句话说，文明的变化本身已经充分广告化了，它的运转机制不让每一个人休息，而几乎所有的人也在这种机制的裹挟下变得似乎是自觉自愿地舍不得休息了。甚至有广告语深情关怀地对家长发出呼吁，不要让孩子输在起跑线上！这无疑是说，一个人还没出生就注定了要劳碌不停，而且这是应该的，所以家长要心甘情愿地为此负起责任，加以督促，用广告的话说叫做"付出"。其实，"付出"已经成为时髦的广告语陈述，不过那是说给自己听的，或者是为了安慰或蒙蔽自己，因为它潜在的含义和期待是"回报"。

因此，广告也需要利用相应的哲学来维持自己的权威和体面，至少是附庸风雅。比如这方面一个常见的做法，就是各种广告常常把"导论"中说过的高更的油画题目拿来故作深沉。对此，我认为前两个追问（即我们是谁，我们从哪里来）并不重要，因为尽管所谓的正确答案也许不得而知，但肯定有很多种答案，而且随便怎样陈述它们都无所谓。关键在于最后一个追问。那么，我们将向哪里去呢？毫无疑问，确定的也是真实的答案只有两个字：死去。而且，折腾得越凶，死得越快。不过，恰恰因为这个答案是真话，所以广告可以有各种陈述，唯独不会选择这句真话。

其实，"死去"的前景也就是科学家把当今叫做"人类纪"或"人类世"的根据所在，即自己折腾自己。对于说明与陈述来讲，任何外来的或外在的压力都不可怕，因为那些恰恰是说明与陈述的对象和资料。真正的压力在于自找麻烦，也就是俗话所说的，人（自己）造孽不可恕。不愿或不会休息的直接原因看起来很多，工作忙、压力大、要加班，生活节奏快、变化杂、矛盾多等等，但是所有这些的共同点，就在于它们都不再能够局限于个人的私事或小圈子，一切都充分公开化、平等化、平均化，也就是广告化了。不愿或不会休息于是也变成一种从众的集体无意识，即使是旅游，也成了消费和所谓增长知识等程式化活动，而不是私人性的享受休息。随着文明的这些变化，说明与陈述的问答越来越倾向于采取，或者是有条件利用一种类似广告化的机制，即问题的答案化，而其特征则是说明的陈述化。

因此，从知识运用、日常生活等小事，直至宣传教育、总统选举等大事，一切都按照广告化的机制运行。其中最为突出的当然是消费方式，因为那里几乎完全不存在供求关系，市场本身就是广告制造出来的消费方式和倾向。于是，消费需求，生活方式、慈善活动、自愿公益、学校教育、科学研究、技术创新，等等一切、林林总总无一例外地都被广告化机制裹挟着运转，人们不仅无需选择，而且自觉不自觉地认为这样做就是时尚，否则就是落后，就要被世人嘲笑，被时代抛弃。①

　　在上述情况下，不仅导向，几乎所有的内容含义都无需说明，甚至哲学也丧失了说明的功能，一切都只是从众的陈述。就连总统选举也是如此，只要能吸引眼球，激发兴趣，也就是具有广告效应，那么好事还是坏事都无所谓，应该还是不应该也无需考虑。比如，所谓"克林顿化"的说法就有形式大于内容、陈述就是一切的意思。正因为如此，克林顿，还有意大利的贝卢斯科尼，他们越是有绯闻，不仅被关注度就越高，甚至还会被认为有性感、有能耐，所以反而更容易被原谅，也更容易受欢迎。

　　问题答案化和说明陈述化的广告化机制正在侵蚀哲学，尤其是削弱甚至放弃了道理运作的导向责任。比如，基辛格在回答美国《时代》周刊记者的采访时认为，历史上科学技术的确对文明进步发挥了极大作用，但那也是因为有明确的哲学思想的指引，尤其是在启蒙运动时期。但是，我们今天生活其中的世界却是一个没有哲学的世界，更没有占主导地位的哲学观。因此，技术专家可以为所欲为，以至于人工智能已经成为人类最大的敌人。② 基辛格说这番

　　① 广告化机制在知识领域和生活方面的作用，见孙津：《比较社会学引论》，北京广播学院出版社，2004年，第七章"广告纪元"；《超越民主》，华东师范大学出版社，2017年，第七章第1节"广告式生活"。
　　② 《亨利·基辛格最后的神圣战争》，《参考消息》2021年11月9日，第7版。

话的时候已经 98 岁了，我觉得他终于看到事情的本质所在了，也就是如何对待哲学的说明与陈述所具有且应该负起的责任。事实上，使得或导致哲学放弃这个责任，以至于任其自我消释的一个重要原因，就是整个文明的广告化运作。

不过，上述情况其实是一个互为因果和自我蒙蔽的过程。一方面，广告的发出者总是用不真实的话语，也就是前面说的"假话"来陈述自己所要达到的目的；另一方面，久而久之广告的接受者对这种做法已经成为习惯，广告中说明与陈述的真假对错对他们已经是无所谓的事情。于是，广告大行其道，人们也乐的省去动脑筋思考以及做判断的辛苦和麻烦，甚至这种恶性循环使得广告的制作和发出者为也和接受者一样，都为广告的机制裹挟着生活，不问道德本身，更不管什么乌托邦。比如，有一个推销家用净水器的广告，刻意用了一个工程师或技术人员的画面，而他开头那句自我表白式的话竟然是：我是老老实实搞技术的，不大会说话。之所以设计这样的话语，当然是要获得人们的信任，表示我是老实人，没有也不会骗你，而其中的潜台词恰恰在于，广告是不讲真话的，甚至"会说话"就等于不老实。社会既已如此，还有谁会花心思去追问说明的含义和目的，又有谁去顾及陈述的内容是真是假。

如果不谈具体的哲学思想或道德意识，在广告化机制中真正消释的东西是良心。良心其实是一个中性的词汇，比如坏人也会有天良发现，但从道德上讲良心却是导向的底线，就像历来人们常说的，凭良心做事。广告化机制所缺少的，准确说是刻意放弃的，恰恰就是良心，这至少是因为良心反对说假话。在普通的生活中也是一样，广告化使得整个风气不问好坏廉耻，只要时尚就行，甚至引以为荣、乐此不疲，因为陈述反复告诉人们，这就是文明，就是现代化，就是与时俱进。比如，前面命名与指称中讲到"打卡"这个新词，人们由于它的时尚特征而乐意使用，同时却全然不顾人把自己贬低成了某个被管理的程序环节。又比如，"点赞"这个新词汇也是出于对网络时尚的追捧，于是把精神和情感上的褒扬态度工具化地变成了无意义、平面化、机械性的廉价动作，即触摸冰凉按键的"点"，全然没有意识到这其实是点赞和被点赞双方的相互不尊重或相互贬低。

由于说明并不是被动的解释，所以它潜在地具有获取或索取的导向，也就是利益倾向，而这恰恰是广告机制的基本动力之所在。换句话说，说明的利益是内在自身的，也就是掌握知识和道理，以及要求相应陈述的特权。但是，不仅合法的假话和公开的诱使需要将说明隐藏起来，而且正因为知识和道理的运用需要依靠陈述，于是就给了陈述相对独立的自由空间。就广告化机制及特征来讲，最根本的自由就是随意制作或编造。

比如，电视台在播放新闻的时候采用两个主持人的方式，当需要交换主持的时候，其中一人就说"把时间交给"某某，等某某主持完了则说"把时间还给"前面那个人。他们明明知道"时间"是不能这样由他们授受摆弄的，而且交换的也不是时间，而是主持的段落，所以正确的说法应该是"由谁来主持"，顶多可以叫做"把时段交给"谁。但是，采用"时间"一说的意义和效果，就在于广告式的制作或编造，为的是用它来显示自己的话语霸权和无所不能。

又比如，主持人或明星喜欢用自己的知名度做广告，所以就报出自己的名字说"我是"某某，比如"我是吴京"。但这个说法是错误的，因为"吴京"只是他的姓名，而不是他本人，所以应该说"我叫吴京"，否则听者可能完全不知道这个"吴京"是什么人。但是，说"我是"而不说"我叫"恰恰是一种故意的制作，为的是显示明星知名度的独一无二价值，所以如果有谁不知道这个明星只能表明自己的无知或孤陋寡闻。

因此，作为知识，陈述不仅要把说明当成道理本身，而且还要把道理的运用做成合乎道德并具有垄断效应的高效手段和成果，即广告。事实上，广告化机制已经成为一种常态化的意识形态，同时却悄悄地消释了意识形态的承诺，因为它只要说出它所说的话就算是兑现了承诺，甚至说的对不对也无所谓。至于各种互联网信息服务，更是很容易运用广告化机制，也就是直接把算法当成无需说明的、真实的陈述，从而以各种合法的方式，比如所谓"口碑营销"公司之类，掩盖算法造成的各种不平等、不公正，以及对劳动者和消费者相应权利的侵害。对此，政府不得不制定维护国家安全和社会公共利益的规定，包括算法知情权、算法选择权等，比如，国家网信办等四部门就联合发布了《互联网信息服务算法推荐管理规定》。

在广告化运作中，制作方和发出方的自由度最大，所以将说明隐去直接进行陈述的方式也更多一些，所包含的内容方面也更加综合。比如，一则酒广告说：你若前行，便是中国的道路；你若站立，即是中国的脊梁；你若讲述，就是中国的故事。这简直等于说中国是个酒缸，中国人都是酒鬼！还有一则奶粉广告说：高端消费遥遥领先。这个"高端"可以有很多意思，比如一定的销售量、高标准的奶粉质量、有钱的所谓高端人士等。陈述无节制的自由化形式还体现在媒体语言的烂俗化和模仿欧美化，比如名词的动词化使用，或者把形容词放在名词后面、把副词放在动词后面等，全然不顾这样做很可能造成说明含义的误读或颠覆。然而对于所有这些错误的说法和制作，大家都熟视无睹，懒得细究。

4. 小结

说明与陈述虽是一个整体，但从功能侧重来讲各自还是有相对的和一定的独立性。所谓整体，主要是针对知识的功能体现而言的，或者说，知识的一般形态就体现为说明与陈述的对话或问答互动。无论客观规律、各种道理，还是观点学说、经验教训，它们都是作为人的认识结果或"知道"内容而成为知识的，所以知识具有属人的特性。知识没有形状，也不占有空间和时间，但各种知识以及知识方面都具有内容和含义的独特性、完整性、创新性，所以必须通过或经由说明与陈述的问答互动，才能够为人所理解和运用。

知识的运用固然要符合相应的规律或道理，但是这种运用的有效性和权威性却在于使运用自身成为合理和为善的道理导向，也即合理性与合道义性的统一。这种道理的运用导向主要包括三个方面的工作。一是提出或制造乌托邦，它作为说明本身的合道德性，要求并保证陈述对于说明的相信、遵从，以及在内容和含义上的一致。

二是提出明确且值得的原则和目标，它们不仅规定着说明与陈述问答互动的具体答案，而且也体现或使用了陈述对说明进行反问的权利和功能，从而使具体的答案保持其真实的内容含义。三是意识形态承诺，它不允许怀疑说明的性质和内容，所以往往表现为各种形式的陈述，或者说以陈述的方式实施道理的运用导向。

　　随着文明形态的变化和科学技术手段的发达，广告化机制已经渗透和覆盖了生活的方方面面，对说明与陈述的整体性和一致性造成越来越明显的颠覆和撕裂。广告化机制不是说明与陈述的问答互动，而是故意隐去说明，并任由陈述自己发挥和制作，叫做说明的陈述化。没有互动，说明与陈述的关系就变成了自问自答的形式本身，从而陈述也就成为无需问题的答案本身，或者说问题的答案化。

第五章　真理与行动

　　这一章主要讨论行动的一般性或普遍性，其中真理是问题、行动是答案。麻烦的是，关于什么是真理，是一个很难解答的问题，各说各的，所以需要做一些必要的厘清。主要包括两个话题，一个是真理的含义，另一个是真理与道理的关系。

　　对于真理的相关学术观点很多，不过大体说来，都是把真理看成与规律差不多的东西。之所以说差不多，是因为表述的含混和矛盾，主要也分为两种情况。一种把真理理解为客观存在的规律，另一种则认为真理是客观事物及其规律在人的意识中的正确反映。很显然，按照后一种理解，不管这种"反映"正确与否，总之都是属于人的意识，而按照前一种理解，真理却是这种反映的对象，而且是客观存在的对象，人们反映不反映都不影响它的这种客观性。显然，这种含混也是一个本质性的矛盾，比如至少由此不难看出，如果真理是反映，那么它的正确与否就需要检验，而如果是客观存在，就没有检验与否的问题，而且也无从检验。

　　不过奇怪的是，很少有关于真理与道理的关系的看法，而且往往很随意的把这两个词相互替代地使用。的确，《新华词典》就说道理是"事物的规律"，而这就和真理的意思相同了。其实，对这两个概念的不加区分，也和对真理界定的含混和矛盾相关，所以在同一部辞书中就会出现这种情况，即对相同的意思在某处认为是客观的东西，在别处又认为是人的反映。不过，相对真理的意思具有专门性或专属性来讲，道理在中国的词汇中却本来就有多种用法，比如规律、逻辑、理由、根据、办法等。因此，如果在规律的意义上把道理和真理等同对待，似乎也就没有什么可奇怪的了。

在我看来，真理是一种具有客观性的规律。这里的客观性，当然是指不受人的反映与否的影响，或者说不管人认识到还是不认识到真理，真理都是真理。至于规律，我赞同列宁的说法，即规律就是关系，就是"本质的关系或本质之间的关系"。①当然，列宁说这话其实是在同意黑格尔《逻辑学》里的观点，所以我尽管赞同这种看法，但却认为不能对此做绝对的理解，而是需要一个限定或前提，即假设。这个假设包括两层意思：一方面，如果客观性独立于认识（不管是不是反映，或者说无论唯心论还是唯物论），那么人凭什么认定这一点就只能在假设的意义上成立；另一方面，所谓本质关系，就是指事物的"内部"关系，所以人虽然能够认识和掌握这种关系，但对于这种关系的真实性的确认也是一种假设，即主要依靠某种概率和经验，也就是根据某种关系具有多次出现、重复产生、可以因果互推、可以复制等特征，而且暂且排除或不考虑其他关系的备选。

————————

① 《列宁全集》人民出版社 1959 年版，第 38 卷，第 161 页。

　　至于道理，在第一章也有少数地方把它作为规律使用，不过这并不表示道理与真理等同。上面说了，道理在中国词汇中有多重意思，比如，除了合理性，道理还表示合道德性，也就是应该如何的意思。因此，道理从规律的角度讲大致包括两个含义，一个是规则，另一个是因果关系。也正是由于此，我才说哲学是道理的道理，即无论客观的、实然的、应然的，以及大的小的道理的共同根据，也就是凭什么说它们算作道理的缘由。出于同样的理由，第四章也才有关于道理的运作导向的分析论述。简括地说，真理与道理主要的不同在于，真理是被作为具有真实性的规律，所以真理总是合乎道理的，但道理不一定都是真理。虽然严格说来这种理解需要某种假设的前提，但真理自身独立的客观性是不允许追问的，这至少因为能够进行追问的相应功能和行为本身就是一种真理，或者说是真理含义的具体体现。

　　如果把规律看成各种本质的关系，那么真理应该是一个整体。一方面，各种关系，比如主观与客观、社会科学与自然科学、知道与不知道、正确与错误等都是真理的部分；另一方面，真理又超出所有这些关系，是之所以具有所有这些关系的根据或标准。由此，真理的整体性大致体包括三个层面。

　　第一个是绝对真理，但这并不是指所有相对真理的总和，而是指"有"真理。这是绝对的根据，也是规律的根据。比如，只有我们相信有真理，那么不管怎么知道的以及是否真的是真理，被叫做真理的东西才具有绝对权威。这叫做有真理。又比如，"对具体的问题或事物具体分析"，这句话指的就是真理的根据，而不是哪一条真理。第二个是待发现的真理，我们一般言说的和探寻的就是这种真理。就规律性而言它本身也是绝对的，并且只有在"发现"的意义上讲，相应的言说和探寻才是实践。比如，对于位置的真实空间有多种解释都是对的，但它们都取决于怎么"看"。第三个是已经知道的真理。就它是有针对性的、阶段性的和不断修正或变化的来讲，这种真理都是相对的，但却是真正实用的，所以也可以叫做规则。所谓这三个层面是一个整体也不难理解，比如上述第二个层面关于空间位置与"看"的关系，就牵涉到第一个层面的意义和第三个层面的应用。

明白了真理的概念含义，又认清了真理与道理的同异，本章所谓行动的一般性或普遍性，就是指构成真实的行动所必需的基本因素，以及运作特征。需要明确的是，这里的所说行动包括思维，比如"动了念头""起了想法""费了心思"等说法就是这个意思。因此，人只要动起来——事实上人只要活着就不可能不动起来，甚至在睡觉的时候也是如此——就至少在两个方面与真理有关。一个是对错，因为不管怎样的行动，人都不可能故意出错，或者说，不管是否意识到，人其实总是认为自己的行动是对的，也就是正确的。这一点与真理的客观性有关，因为认为某个行动是正确的这个判断在此行动之前就有了，至少就开始了，并成为伴随这个行动全过程的构成部分。另一个是成功，由于行动本身不是为了失败，所以失败这个因素并不存在，但可以算作不成功。成功的这一特征和事物的本质关系有关，也就是不仅因为成功总是比较而言的，更在于成功的实际内容就是各种关系的处理。

由此也可以看出，这里之所以叫做"行动"而不是"行为"，在于行动随时都需要以真理为参照，或者反过来说，由于真理的根据作用才使得人的行动成为可能。行动是动词性的名词，或者说动名词，比如"开始行动""行动起来""实施救援行动"等；行为则是名词或形容词，比如"好的行为""关于在那件事情中的行为""行为习惯"等。与这种区别相一致，行动所具有或体现的关系是内在的、自主的，而行为所要应对或处理的关系是外在的、对象性的。行动是一种不及物动词，它的关系是自身含义的展现，行为则需要有其他对象的加入或参与才能够成立，或者说才具有真实的含义。但是，行动的可能在于先有真理，后有行动，因为不管自觉与否，行动总是要求或希望符合真理。比如，人的行动总是尽可能地趋利避害，而这种情况的内容含义恰恰不是人的本性，而是真理。因此，真理的作用在于提出问题，或者自身就是问题，行动则是它的答案，或者说经由行动来落实或体现真理的意义。

当然，行动者未必总是自觉和清醒地认识到真理的作用，相反，由于这种作用的根本性和普遍性，人们在行动的时候往往意识不到真理的作用。也许，造成这种情况还有一个原因，即从实践层面上看行动是自主的、变化的以及含义内在自身的活动，所以真理对于行动来讲反而显得是潜在的和静止的。然而正因为如此，如果真理是客观的，那么从逻辑上讲就是有了真理才有行动，所以在现实中也就是由真理提出问题，而行动则作为问题的展开生成具体的答案。反过来讲，正是具体的行动消解了真理的假设，也就是说，随着真理在具体的行动中成为真实的真理，或者落实了相应的真理性，各种假设也就由于不再有必要而失去意义。

简括说来，真理与行动关系所具有的主要内容，以及所展示的主要意义包含两个方面。一是真理在什么情况下、以什么方式与行动构成了真实的关系；另一是在这种关系中，真理在什么意义上、对行动起到了什么作用。这两个方面是互为因果的，或者说，真理与行动的关系是一个整体，不过如果需要找一个逻辑支点的话，那就应该是一种功能性的结构，即问题由真理而产生，行动本身则成为具体的答案。

由上，本章将讨论分析真理与行动关系互动的三种主要情况。其一，如果不想行动出错是一种近乎本能的意愿，那么真理就成为自觉的行动的潜在前提或假设，而对于真理的认识也就成了对于行动对错的检试。其二，如果真理总是在真实的行动中显露其内容含义，那么这并不表示行动的成败与真理具有直接或一一对应关系，而是验证了真理与行动在结构上的相互支撑。其三，如果真理与行动的关系本身具有规律性，那么掌握和运用这种规律性的基本方式并不在于相应的理论，而在于如何总结经验。

1. 检试对错

没有人能够保证自己的判断、从而自己的行动都是对的，因此，绝大多数情况下，人们所做的事情都具有尝试的性质。当然，作为专门的方法，人们可以有意识地做某种针对性的试错，不过更多情况是自觉不自觉都不得不适时检查是否有错，以及尝试相应的更改和调整，而且，这种检试对错的做法往往贯穿行动的全过程。需要说明的是，这里所说的对错，是指行动的合理性，也即是否符合规律或者合乎实际，至于道德意义上的对与错，为了表述方便，放到第三小节"总结经验"专门讨论。

如果上述情况是普遍的，那么相应事情的关系应该是这样的。首先，由于行动是由脑袋指挥的，所以属人的意识是真实存在的。所谓属人的意识，本身就是一种限定或前提，因为既然已经表明是"属人的"了，蚂蚁、狗、海豚乃至树木是否也具有意识就不在考虑范围之内了。其次，对于指挥行动或发出行动指令的意识来讲，这个指令一定是对的，至少不是错的。与此相一致，每个行动也就具有了对的、也就是正确的和值得去做的性质，至少逻辑上是如此。除非别有用心，人们总是希望不做错误的行动，只做正确的行动。这种选择表明，行动本身是自觉的，或者说行动总是自觉的行动。第三，错误的判断和做法也是一种答案，否则就不存在对与错了，检试对错也就没有意义了。

但是，上述行动的自觉性是从意识指挥行动的逻辑角度讲的，而实际情况却要复杂得多。因此第四，尽管所有行动都是自觉的，但并非所有行动都有对错之分。由于行动本身也分为不同的种类，包括本能与训练、低级与高级、简单与复杂等，所以对与错的检试并不是针对所有行动的，至少没有必要这样做。比如，吃喝拉撒的行动都是本能，谈不上自觉与否。当然，也许可以说具有这些本能是对的，不具备则是错的，但这种对错仍处于本能的水平，其区别在于物种的不同或者身体和心理是否正常，所以对于自觉与否没有意义。由此可以看出，自觉性应该是外在于本能的功能性质。

比如，当我们主张某种"健康"的生活方式或者"科学"饮食的时候，健康和科学与否就表示了某种自觉性，当我们主张不要浪费粮食的时候，浪费和节约与否就是或表示了某种自觉性。显然，这些自觉性都与本能无关，或者说都在本能"之外"。同样，对于低级与高级、简单与复杂、专业与普通这类非本能的关系来讲，不同的行动所具有的自觉性的含义和重要性也都是不一样的。比如，对于谈恋爱、举办博览会、发动一场战争、修一条高原铁路等行动来讲，不仅各自的自觉性含义有别、程度不同，而且它们作为行动在对与错的判定标准和检试方法等方面更是完全不具有可比性。

那么，自觉的行动怎么知道某个行动是对是错呢？这就需要检试。因此，所有行动都是在试错，至少是都具有试错的性质及可能，从而也就有了真理对行动的作用及其真实性等关系。但是，不管用什么方法试错，我们都受到两个内在于方法自身的制约。一个是行动的具体情况，即无论行动有多么自觉、采取什么方法，其实行和效果总要受到各种外界因素的影响。这里的"外界"不仅仅指某项行动之外的因素和力量，更是指没有事先想到的情况和变化，所以方法自身其实是不可控的。另一个是我们的想法或意识，即它们在方法的设计和制定方面并不是完全自由和自主的，而最主要的影响或制约，就是思维模式。严格说来，有意义的思维很难是完全个体化的，而是从属于各种思维模式。比如在今天，最基本的思维模式就是"科学"，因为真理不仅是对的，而且是科学的，所以几乎不会有人认为按照上帝的话去思维是对的，尽管他可能是虔诚的基督徒。由此可以说，真实的检试在很大程度上就是由不同的思维模式来体现的。

不过，思维模式的缺陷也是很明显的，最突出的情况就是容易忘记或疏忽模式的有效性和针对性。这种情况当然不利于发现和扩充真理，而且在行动中甚至给自己挖坑或造成乌龙都意识不到。正因为如此，甚至可以简括地说，真理与行动这个关系的本质功能，就是检试对错。在这种检试过程中，真理成为真实的真理，行动成为自觉的行动。真理之所以为真理，在于它总是对的，或正确的，否则就不叫真理了，也就是违背了真理的本质属性或规定性。其实，正因为这种属性，我们才说真理具有客观性。但是，一直以来哲学史争论不清的麻烦恰恰在于，真理的这种客观属性和正确性我们是怎么知道的。各种答案很多，包括所谓用实践来检验真理的对错真假，但是，明显的矛盾在于，所有的答案，或者说任何一种答案，只要它是对的，就都属于真理的范畴，所以它在各种检验或判定"之前"就已经是那个样子了。换句话说，真理对检验具有豁免权。

为什么会有"道理"这样的东西？因为存在，因为有。因此，提出真理也是人类给自己壮胆，因为如果没有真理，或者说不知道什么东西是"真的"和"对的"，我们还能指望什么呢？人对于存在和"有"感到好奇，同时也就对不存在和"无"感到担忧。存在和有似乎是自明的，因为我们能听到、闻到、见到、触到各种存在，所以这些存在也就是各种有。但是，如何证实这种存在呢，尤其是如何使大家，或者不同的人都知道这种存在呢？换句话说，如何保

证不同的人都知道或认同存在着的是同一样东西呢？这就是担忧，
而不仅是好奇，所以为了消除担忧、而不仅仅是满足好奇，哲学对
真理的探索就不可避免了。

　　看起来，应该并不存在某个叫做真理的东西，而哲学提出或
制造出"真理"这个说法，主要是为自己的行动找一个绝对的借
口。之所以所有人都接受或默认这个借口，是因为它具有最高的权
威和最大的便利。有了这个借口，一方面行动者可以不用担心自己
所做的事情以及所用的方式方法不合理，另一方面可以以真理之名
来批评对手，为自己辩护。因此，真理与行动关系的检试对错功
能，来自于真理与行动关系自身的结构，即真理的"真"就是行动
的"有"，而真理的"理"则在于行动本身的"不可或缺"。换句
话说，真理既是得以进行检试的假设，又在检试中获得自己作为道
理的真实性。反过来，或者说与此相一致，行动默认真理的假设从
而使自己具有合理性，又通过行动发现和修正真理。因此，孤立地
说，真理本身并不存在，但是，除非没有行动，否则真理就又是必
须的。

　　不难理解，上述那个真理与行动相互检试的过程是随时随地和
没有尽头的，而且由于真理本身的特性，检试的标准也只能是一种
大概率。在第二章讨论主观和客观的时候说过，我们经常会使用理
论上、逻辑上、照道理、一般说来等措辞，它们所要表明的意思都
是"本来应该"如何如何。从真理与行动的关系来看，之所以经常
使用这样的措辞，是因为至少有三个好处。其一，由于这些词汇的
意思近似于真理，所以也就显得更加具有权威性；其二，为了不把

话说得太满，给自己的判断留有余地；其三，便于在必要的时候，也就是行动有什么不对之处的时候，可以推卸责任。

于是，人在真理中，或者准确地说通过相信自己"知道"了真理，也就是什么是对的、合理的、正确的，看到和证明了自己，而行动就是这种看到和证明的具体形式。与此同时，这种情况也就是真理与行动相互检试的过程。然而，我们总是、也只能从我们知道的地方推测真理，而真理似乎也只向行动透露自己。因此，检试所针对的应该是前述真理的第一和第三层含义。第一层叫做有真理，人们可以对此没有清楚的意识，但出于教育、习惯或感知，大多都已经相信有真理在了。第三层是已经明确了的，基本上属于知识，或者说大多数也是已知的规则，通过相应的学习和经验就能掌握。至于第二层含义，由于是待发现的真理，所以逻辑上还没出现，也就不可能起作用。但是，它同样能够，事实上也就是间接地参与到相互检试中来，即经由行动或在行动过程中对尚不知道的真理有所发现。

但是，正因为现实中无法确定真理和行动哪个在先，所以也无法直接用真理来检试行动，而是需要使用某种中介，即意识或思想。在行动中发现真理，也就是判定规律。这种发现的过程形成各种理论，或者说，真理是以各种理论形式来体现的，所以发现真理使得相应理论具有独立性，从而可以用来检试行动。这样一来，不管行动出于什么动机、结果如何，在理论上说明是否符合规律才是判断行动对错的依据或标准。理论并不等于真理，而是对真理的说明，但由于真理并不是自明的，无法直接用真理来检试行动，所以理论的说明对象也包括真理与行动的相互检试。不过，由于行动的经验性，或者说可感知性，在理论说明的时候就显得行动成了被检试的对象。然而即便如此，每次行动之前也不一定知道相应的真理是什么以及成立与否，所以并不是每次都要从检试开始。事实上，有些真理是已经知道的，而行动尽管也有重复的，但有理论意义的、或者说能够由此发现真理的行动总是"新的"。

　　或许，从经验的层面，也就是人生观的角度可以更清楚地说明真理与行动相互检试的实际状况。比如，几乎所有的人都希望自己幸福，当然这种幸福也可以包括希望别人幸福。但是，不管哲学、文学还是生活经验，历来最为说不清楚的东西似乎就是幸福，也就是难以回答"什么是幸福"。在我看来，产生这种困难的主要原因就是割裂了真理与行动的相互检试，也就是对象性地把如何理解幸福（真理）当成了实际幸福与否（行动）的评判。因此，如果把幸福当成具体的东西，或者说是可以交换并有计量标准的事物，就不可能感受到幸福，或者说不可能在"满足"或"满意"的意义或程度上达到幸福。不管这种幸福的内容是财富、权力还是成就感、声望甚至是某种情感，都是如此。但是，如果只是把幸福做各种抽象的理解，不把自己放进去，同样不可能、或者说很难感到幸福。于是佛教，或者某些智者高人就反过来说，即人世本无幸福，关键是如何避免痛苦，比如能否做到不悲不喜、不欢不嗔、不卑不亢、不昧不惊，万事随处都淡定取中。

　　开释上述纠结的唯一可能，在于以一种并不关乎自己、但自己又明明身处其中的满意状态为幸福。所谓不关乎自己，就是指一种普遍的抽象，也就是真理。这种真理可以是某种规律、道理，也可以是某种相信、偏好；所谓身处其中，就是只为这种抽象活着，而且活得其所、乐在其中。比如，一个人可以为信仰牺牲、为别人服务、为物质享受、为权力得意、为异性陶醉、为科学发现、为技术发明，或者什么都不为，做什么事情以及怎样活着都行，但是，只要这些都只在与他（或她）自己无关的抽象道理上对他（或她）具有意义，他（或她）就有可能满意地身处实现这种抽象意义的行动中。

因此，实现抽象意义使幸福得以实现，而且是在真理（抽象）与行动（身处）的相互检试中得到体现。在此意义上讲，幸福的确本不存在，或者说人世本无幸福，但幸福却可能、也只有随着某种状况的形成而显现。反过来说，各种导致不幸福的因素都是外在的，比如爱财、好色、贫穷、性格、贪得无厌以及意外事故，内在原因还是真理与行动的割裂以及对象性评判或检试。我猜，老托尔斯泰之所以说幸福的家庭都一个样，应该就是悟到了这层道理。

在真理与行动的相互检试中，意识通过或经由被认为是对的行动来发现真理，而真理则在合理性的意义上，包括以成文的规则方式，规定性地指导行动。但是，至少有两个情况，使得真理的合理性其实也只能是统计意义上的大概率以及举例说明。其一，由于多种多样的行动没有尽头，几乎没有办法证实什么程度的概率算作"大"的，从而可以算作真理，所以行动本身就成了判定真理与否的实例，而合理性在理论上就体现为各种方便的举例说明。其二，行动的主体、也就是人太过复杂，尤其是人的自由意志几乎总是本能地为自己的看法和做法找借口，替自己辩护，所以不仅需要举例说明，而且自己的和先前的行动也成为别人的和后面的说明实例。

　　从存在决定意识的意义上讲，发现真理的过程是内在于行动的。因此，检试对错所反映的是真理与行动的指导与发现关系，而理论则是这个关系运作的中介或环节。不过，不仅上述两个情况表明属人的真理的真实性也只能依靠大概率，而且反过来，众多的举例说明又影响着意识或思想，所以也就或明或潜地构成了我们对于真理的看法。从实际情况来看，很可能是为了避免任何概率都不可能尽善尽美的麻烦，就把真理的真实性当成了真理具有客观性的证明，而举例说明虽然不能支持这种证明，但却是比单向度的对错说明更为清楚的相互检试。因此，检试的必然性和必须性并不在于指出具体行动的正确和错误，而是由于相信有真理存在，不断的检验和试错才成为行动的真实形态和过程。

2. 成败的可能

　　前面说过，道理也有规律的意思，而真理是真实的道理，这个真实性的一个普遍情况就在于，不管如何检试对错，事实上做事情总有失败的时候。因此，成败的可能及原因也是真理与行动的一个重要关系，或者说，成功和失败的可能都是由真理与行动的关系提供的。于是，在现实中，对于绝大多数情况都存在一种很普遍的看法和做法：成功的人会自认为或被认为有"本事"，而且潜在的或公开的道理也会把成功归之于相应的想法或设计是"对的"；反之，为了避免被指责为做事没本事以及相应的想法或设计是错误的，失

败的人即使承认失败并负起相应的责任，也会想办法另找理由来否
定这种指责。但是，由于有了所谓符合规律这个依据或标准，所以
至少从逻辑上讲行动的对错应该与成败与否的结果区分开来，也就
是说，对的或符合规律的行动不一定就是成功的行动，而失败了的
行动也不一定就是错的行动。

上述看似矛盾的情况之所以可能，在于成功与失败是两种事实，
而且决定或说明这些事实的原因或理由并不是固定的或一致的。首
先，承认失败但不承认错误的做法其实是把有效性和合理性混在一
起了。一般说来，成功和失败与有效性相关，包括行动者是否有本
事，所以对合理性的担心所表明的，应该是上一节所说的检试对错。
其次，不同的原因或理由所针对的是具体行动的成败，因此并不具
有成败的可能自身存在的普遍性。那么，决定成败的因素、或者说
为成败所提供的可能到底是什么？这个话题包括两个内容方面，一
方面是如何看待行动的成功还是失败，或者说获益还是受损，另一
方面是相应的结果反映出了真理与行动的哪些功能。

应该说，上述情况是一个几乎一直被哲学忽视的话题，而它所
涉及的则是真理的真实性和行动的有效性的相互验证。因此，"成
败"只是一个简约的类型学说法，因为现实中显然有许多既没有成
功也算不上失败的计划和行动，比如，原本打算去郊区采摘一些酸
枣，结果没采到酸枣，但却看到了美好的景色。这种情况表明，成
和败指的是两种因素及其状态，它们可以分别或同时出现在任何结
构中，也可以分别或同时发挥其功能作用。由此，成败的可能不是
指行动为什么会成功或失败，而是指这种可能本身的必然性，以及

它是怎样由真理与行动的关系互动所提供的。换句话说，本节要讨论的不是具体行动的成败原因或理由，而是存在着成功和失败这种状况或结果的可能，行动不过是这种可能的基本载体，或者说，具体的成败在形式上主要是由行动来承担或体现的。

做事情总会有成功和失败，而在实践中又很难将各种成败归结为某一个或某一类原因或理由，这就表明人们对于"事出有因"的相信和运用是不一致的。因此，假定"事出有因"是一种真理，那么把它运用在成败的可能的时候就需要一个转换，即说明的针对性。作为某种行动的根据和分析的标准，这些说明既可以是事前的，也可以是事后的，但都必须具有方法论的普遍性。在这个意义上讲，成败的可能就潜藏在各种知识里面，而所有的行动都是由潜在的知识决定的，包括成文的或规范的知识和经验的直觉或习惯。

比如，正是因为人们都知道从悬崖上掉下来会摔死或摔伤，所以走到悬崖边上就会停下来。但是，如果是一个盲人，而且经验不足，或者是一个完全不懂事也不知道害怕的小孩，又或者那个悬崖被茂密的植被所掩盖而看不出来，情况就不好说了。可以确定的是，所有这些情况作为可能都是潜在的知识，而由于已经相信或假定有真理存在，所以成败的可能就是一种处于理论与实践之间的知识状态。但是，这种情况或状态并不表示对于这些潜在的知识的运用是不自觉的或下意识的，恰恰相反，它们总是以某种理论的形式被人认识和应用。

一般说来，理论可以看作是对知识的系统阐释，其形式就是对各种东西的说明。但是，根据所要说明的对象和作用不同，理论的功能特性也有不同的层次。比如，对于规律的揭示和阐释，大致等于我们所谓的纯理论。不过，纯理论并不表示理论可以自立自为，好像具有某种与外界无关的内在规律和结构系统，而是指只关乎于各种理论层面和因素的理论形态。与此相对，其他层次的理论一般都具有外在内容的针对，比如大致包括对于认识的说明和分析，以及对于道理、计划、技术或使用方法的说明等。由此，当我们运用知识，或者说知识对我们的行动发挥作用的时候，理论仿佛一直在"看着"我们如何认识它、对待它、应用它，而这些认识、对待和应用就成了实践中的知识，尤其是可能导致成功或失败的潜在的知识。

正是由于存在潜在的知识，实践才是可能的。实践并不等于行动，无论这种行动是自觉的还是盲目的。实践是指与理论相平行的各种活动，也就是其本身的运作并不关注而且事实上往往也不必关注理论的活动。理论是由人来发现和运用的，所以在理论和实践的自身含义之外，我们一般说的需要并能够相互结合的理论和实践，就是指两种不同的活动形态或形式，即理论活动或工作和实践活动或工作。尽管理论是理论，实践是实践，但并不等于说理论和实践各自可以分离。如果理论和实践要结合，就需要或者形成某种处于理论和实践两者之间的知识状态。理论可以指导实践，实践也能够产生理论，但这些情况指的是双方的具体功能，也是具体的行动，而不是双方必须的和应有的关系。

因此，成败的可能的居间状态指的既不是具体功能和行动，也不是理论与实践的各种关系，而是使得理论和实践得以具有或产生关联的知识状态。换句话说，决定成败的是一种居间状态的知识，它既非理论也非实践，而是各种成败"可能"得以形成的根据。每一项知识和每一种观点都有其发生的情况，包括背景、时间、视角等，但是，当我们设定某个具有真实性的标准的时候，这个标准的有效性应该与相应知识或观点的产生情况无关，否则就会陷入绝对的相对主义。因此，作为成败的可能的根据，居间的知识状态所针对的是行动的意义，而不是具体的行动内容和形式。

前面说过，自觉的行动都是有意义的行动。但是，如果并不是所用行动都具有明确的成败目标或预期，那么行动的自觉性不过就是指关于"不这样做就会如何"的判断，也就是某种选择。这种选择，就是居间的知识所提供的可能，所以在实际情况中这种选择并不都是清楚和理性的，而且也包括经验、直觉和下意识。然而正因为如此，行动的意义也是多种多样的，根据它们是否具有成败的目标或预期，或者与这种"具有"的密切程度，大致可以分为如下几个层次或方面。

首先，与目标或预期关联最弱的行动是那些近乎本能的反应和需求，比如衣食住行。这些行动的意义基本上在于不这样不行，也就是不这样做的害处十分明显，所以可以算作非目的性的行动。这类行动的特点在于，除非特殊情况或困难很大，即使达到了目的一般也会觉得是很自然或很平常的事，算不上什么成功，所以成败的可能也就变得模糊不清。比如，衣食住行虽然不可或缺，但标准或水平的高低千差万别，而且也不必强求。

其次，有些行动虽然具有目标或预期，但它们并不重要，也就是或者不太明确，可有可无，或者很容易被改变或替代。比如，在前面说的摘酸枣和看风景的例子中，摘酸枣显然并不重要，所以不仅是否一定要摘到酸枣本来就不清楚，而且欣赏到好看的风景这个结果很容易就充当了成功。这种情况还表明，目标或预期的被改变或替代其实另有某种可能，比如摘酸枣本来就是一个随便的由头，真实的可能在于只要出行就好。

第三种情况比较复杂，它涉及同一个行动所具有的不同意义标准。比如，对于偷东西这个行动来讲，它的有效性在于偷了不被人发现，而这也就成了行动成功在知识运用上的合理性。但是，如果这种意义上的偷盗成功了，那么相应的甚至同样的行动从道德上讲就失败了。甚至，这些复杂的意义标准还可以延伸和转换，比如同样是偷盗，但对于为了战斗胜利去偷盗对方地图的行动，可能会被己方赞赏，也可能作为军事技巧被认同，又可能需要加入战争的正义与否等因素来判断。因此，从不同意义标准适用的局限性来讲，这种情况的行动意义可以叫做不完全的合理性。当然，也可以从目标针对的相对性来理解这种不完全，不过从普遍意义上讲的合理性本身必须是完整的，所以它们的不完全只能指同样的行动被分别或分割对待的局限性，甚至是矛盾性。

第四种情况也很复杂的，可以简约地叫做行动意义的相对性，主要包括两个相互关联的要素内容，即成败的阶段性和目的与手段的互换性。由于这种相对性，目标或预期的成败可能是由各项行动的结构性关系所决定的，或者说潜藏在这些关系的知识形态中。之所以说成败具有阶段性，在于行动的成败是有时间性的，也就是从近期和长远来看成败是相对的和变化的。这种情况并不难理解，因为行动总是有过程的，而且从事物的连续性和延续性来讲，多数行动都不是一次就结束的，所以相应的成败也都具有阶段性特征。与阶段性相一致，行动的目的与手段往往是同时兼具和互相转换的，而且从事物的综合性和系统性来讲，这种兼具和转换的情况几乎是不可避免的行动常态。比如，做一个好的雕像模子是一个目的，但它同时又是浇铸一个好的铜像的手段。又比如，诱敌深入是一个战争目的，而且很可能要承担一些失败，但它同时又是歼灭敌人的必要手段。

第五，行动自成目标或预期。其实，这一点在前四种情况都有不同程度和方式的体现，即并不是所有行动都具有目的实现与否意义上的成功或失败结果，因为有的行动本身就是结果，或者结果的体现过程。比如，从理论活动的意义上讲，纯理论也是一种行动，其主要特征在于只关心理论本身的对错与否和真实含义，并没有明显和确定的成败结果。事实上，很多行动都没有预先的考虑或计划，而是一边思考一边行动，也就是常说的"看情况"再如何。如果说行动建立在已知知识的基础上，那么显然很多知识本身就是行动，或者反过来行动也就是知识，比如科学研究、发明、实验、讲课、传授技术、试验、训练等都具有这种特征。虽然这里把行动自成目标或预期作为第五种情况，但它所表明的普遍性在于，成败的可能本身是非对象性的，而成败的状况则是相对性的。作为居间的知识形态，成败的可能本身就具有使什么"成为"什么或为什么"赋予"某种意义的潜在功能或趋向，而真实的行动则实现或体现了相应的意义。

上述五种情况很可能并不全面，而且也不过都是"举例说明"，并不是公理。但是，这些情况已经表明，如果行动的意义可以根据成败的可能区分出不同的特征，那么这种根据就被当成了实际行动中的真理。因此，从行动的意义层次或方面来看，涉及成功和失败的具体情况各种各样、有大有小，而从真理与行动的关系来看，成败的可能也可以区分出一些大致的类型。第一，既合乎真理也取得成功或获益；第二，既不合乎真理也不成功或不获益；第三，合乎真理却不成功或不获益；第四，不合乎真理却成功或获益；第五，意外，就是没有想到或预期的成功或失败。显然，这些类型再次表明，成功与失败的判定本身就具有相对性，而且是真理和行动的互为验证。不过，所有这些类型都需要一个共同的假定，即按照真理办事是对的，否则虽然能够根据经验或行动本身区分出成功和失败，却难以提供分析各种可能的共同或一致标准。

很显然，第一和第二两类情况随处可见，而且似乎是明摆着的道理。比如，设计制造飞机轮船必须也只能遵照相应的科学知识、水达不到一百度就烧不开、反动派你不打它就不到，这些都是真理，按照它们去做就可能成功，违背了则一定会失败。但是，这两类情况并没有实际意义，因为它们表示的不过是真理和成功之间的正向因果关系。换句话说，这两种情况在理论层面上讲只是一种假设，或者是一种同义反复，所以如果真实情况都是这样，也就不需要验证什么了。但是，人们很希望这两种情况所反映的就是真理与成功的普遍和真实关系，因为这样一来人就安全了，所有事情都能有明确的因果解释了。其实，这种愿望是人类行动的最后一道防线，但无论作为知识还是经验，这种正向的因果关系也还是一种大概率，比如甚至连一年四季的状况也不能保证永远都是如此。

第三类和第四类的情况相反，道理却一样，即真理并不能保证行动的成功，或者说真理与成功与否没有正向或可控的关系。但是，由于相信真理，人们很容易事先就把这两类情况判定为不合常理，于是就想方设法去寻找"别的"原因或理由，使之能够在合乎常理的意义上说得通。正因为如此，第三种类型的情况比较容易举例说明。比如，按照规律或常理，努力学习就能考上好学校、有学识就能找到好工作、有才干就能被提拔，然而事实是有很多人这样去做了，并且也达到相应的要求或标准了，却并没有获得相应的成功。由于这些是失败的实例，人们很容易在相信和维护真理的同时，用其他的因素来为失败找理由或借口，比如你努力了但别人更努力、是金子总会发光所以不要着急、没必要也不应该都去挤一条路或独木桥等。

然而，尽管第四种类型的情况也是随处都存在的事实，却很难举例说明。究其原因，可能在于它们不仅违背常理或规矩，而且行动似乎从这种违背中得到了好处，所以解释必须是反着说的。比如，如果某人没有接受过正规教育，尤其是高等教育，却在某个或某些方面取得了大成功或大成就，人们就会说这种情况是"自学成才"。因此，不管是为了维护真理，还是由于难以归类，第四种类型的特性用一句成语来形容也许更为贴切，叫做"歪打正着"。

至于"意外"，尽管把它列为第五种类型，但其情况体现也是多种多样的，并因此具有不同的含义。首先，意外如果意味着没有在设想、计划之内，也就是出乎意料，那么这反而就可能不是意外，而是设想、计划或预期本身就错了，或者原本就考虑的不周全，有疏忽之处。其次，如果意外确属所谓不可抗拒的原因，那么这些原因本身就是各种可能，而不是意外。再者，如果将行动中可能出现的意外作为单独一种类型来考虑，那么根据"意外"的特性就不难看出，其成败与否的评判标准应该是既独特又随机的，至少与其他四种类型的评判标准不一致。最后，如果把第三类（合乎真理却不成功或不获益）和第四类（不合乎真理却成功或获益）的情况都归结为发生了意外，那么也可以说它们是意外类型的特例，只不过在这类意外中两种情况的方向是相反的。

不难看出，上述五种类型应该是从分类的逻辑上讲的，而在现实中，真正由真理与行动关系所提供的成败可能，在于第三类和第四类情况。如果说，第五类"意外"同样也提供了成败可能，那么这种提供应该另有自己的根据，即真理的发现。相对说来，第三和第四类情况中的真理是已有的或以前的，而意外情况中的真理是新发现的或将来的。但是，发现真理并不是碰运气，尽管偶然碰运气的情况也是有的。意外既不是偶然也不是运气，而恰恰就是已知或已有真理之外的东西，其中就包括在意外中被发现的或由意外本身所显现的真理。

在第三种类型的情况中，成败的可能是全覆盖的，包括不一定和不可能；而在第四种类型的情况中，成败的可能是包容性的，包括例外和矛盾。因此，就真理与行动关系的复杂性和矛盾性来讲，成败的可能是具有普遍性和全面性的问题，它们随时随处由居间于理论和实践的知识状态产生出来，并经由行动变成各种具体的答案。或许，成败的可能对于真理与行动的意义和价值就在于，"谋事在人"是指实践，而"成事在天"才是真理。

3. 总结经验

"导言"里说过，我们讨论的哲学维持在中观的层面或规模，其实也就是可经验的意思。既是经验，就能够感觉或感知，即使对于茫茫宇宙的东西或事情的了解和判断，比如再过 50 亿年太阳将燃尽、系外行星飞马座 51b 环绕一个类太阳系旋转等，所依据的也是观测到的现象和数据。因此，本节所谓总结经验，就是对中观层面或规模的道理进行各种处理，包括对比、分析、判断、挑选、增减等。处理的结果往往就是真理，也即真实的道理，而处理本身则是，或体现为具体的行动。总结经验不仅是发现和认识真理的重要方式，而且对总结经验的依靠和运用与对真理的依靠和运用具有同等性质的规律性。也许正因为如此，毛主席才会把靠真理吃饭和靠总结经验吃饭看成同等性质和同等重要的事情。[1]

当然，存在各种具体或有针对性的真理，但是真理与行动的问答是实实在在的经验活动，而不是纯理论的抽象分析。这种经验不是个人的、偶然的，而是社会性的和自觉的。对于真理来讲，经

---

[1] 王瑾：《毛泽东关于中国共产党"靠什么吃饭"的六个论断》，《党的文献》2021 年第 2 期，第 76-82 页。

验的社会性和自觉性至少体现为两层含义。其一，对于同一个东西（概念、词汇、现象、事物等），不同社会群体和职业甚至志趣的人往往会有不同的看法或理解，而且这些看法或理解还可能相互矛盾或冲突。其二，在绝大多数情况下，新发现的真理并不等于对此前的真理的否定或废弃，而是总有一些承继或调整的部分或成分。决定这两层含义的因素很多，比如实际利益、社会地位、客观需要、教育程度、文化习惯等，而且它们都可以体现为许多相应的理论，但它们也都来自、甚至往往就是社会性的和自觉的经验。因此，这种经验总结的主要对象就是人的活动与其社会含义的关系，而从功能的角度讲，主要包括三个基本内容，即发现真理、减少犯错、积淀道德。

第一，关于发现真理。

在检试对错的讨论中已经说过，真理就是在这种检试过程中被发现的，而这里要说的则是"怎样"被发现的，包括认识"规律"本身的作用及变化证实。简括地说，这个"怎样"就是通过总结经验，或者就是总结经验本身。如果真的有绝对的真理，那么总结经验不过是对这种真理的验证，所以有意义的总结经验针对的应该是前述真理的第二层含义，也就是待发现的真理。当然，也包括修改第三层含义的已知真理或规则，比如前面说的广告化机制，已经使得所谓"市场"规律完全变了，成了广告化机制的附属品或副产品。不过，针对这两层真理含义的总结经验有可能在实用性和真实性上维持了真理的第一层含义，即绝对真理，因为如果不是这样，对真理的发现就说不通，经由总结经验发现的真理更是缺乏权威性。

　　发现真理最常用的方法就是做实验，尤其是所谓自然科学。人们尽可以先提出各种猜想和理论，并且相信它们，但最终还是要通过实验来确证，也就是提供某种经验根据。比如，根据1925年提出的泡利阻塞假设，如果把一团气体变得足够低温而且足够致密，它就会隐形。后来，也就是2021年，终于通过阻止原子散射光子的实验，使这个原子变得透明，也就是隐形了。显然，这不仅是由猜想、经过试验、达致真理的过程，而且一切证明都取决于经验性的"看"，也就是看见那个东西没有光了，于是就说"看不见"或隐形了。

　　但是，真理并不像某种矿石那样等着被发现，也不是被探险的陌生领域。同样，经验不仅包括看、触、闻等感觉，更包括"做"，也就是应用。真理具有普遍性和客观性，但也离不开对它的认识或看法，而这些认识或看法在很大程度上又取决于各种社会背景，比如地位、权势、能力、天分等。换句话说，具体的真理也各有针对，极少有放之四海而皆准的。因此，总结经验，就是将各种视角及其社会因素中的知识加以对比，分析各种相应做法成功与失败的原因，找出各自的客观性、合理性、真实性、有效性，从而有可能把这些对比分析的结果概括为具有普遍性的道理，也就是提升到真理的水平。比如，枪杆子里面出政权，这个真理一直也就是历史事实，而毛主席把它说出来，更是经过经验总结的结果。但是，不同的社会处境以及不同的视角对此的看法其实是不一样的。蒋介石更早就知道这个道理，所以他抓军队，收编军阀。但是，他不仅代表大地主和大资本家的利益，而且大搞法西斯独裁，所以其政权不具有合理性，也就是不合道德。

事实上，1642 年所谓最早开始的英国资产阶级革命也是用了枪炮暴力的。克伦威尔募集了一支主要由自耕农和城市平民组成的骑兵与国王的军队作战，并在 1649 年把查理一世送上了断头台处死，开始了英吉利共和国时代。但是，近 40 年的内战结束后，1688 年英国资产阶级和新贵族发动非暴力政变，推翻詹姆士二世的统治，阻止了天主教的复辟。由于政变没有发生流血冲突就开启了君主立宪制政体，资产阶级的史学和政治学就将此自诩为"光荣革命"。其实，这种非暴力不过是一种表象，实质还是由暴力来支持的。在当时，一方面非暴力政变本身就是长期战争的结果形式，更重要的是另一方面，即有能力参加政权的各方所维护的都是同样性质的私有制政权，所以枪杆子就用来对付劳动大众了，至少是作为威慑力量。对于今天的资本主义政权和民主来讲，情况依然如此。

对于所谓自然科学来讲，发现真理的含义主要是指存真，也就是找到与对象及其运行相符合的道理。由此，地球上的知识如果成为真理，就需要超出地球的情况及其道理做参照。于是，从地球发出的各种探测器已经造访了太阳系包括已经被逐出行星家族的冥王星的所有其他八个行星，甚至接触到了日冕，各种火星探测器还对火星的土壤做了取样分析。通过卡西尼号探测器对土卫二的拍照，发现那颗星球上面有海洋、裂隙、热源、间隙泉等迹象，于是很多科学家就愿意相信那里会有生命，尽管很可能只是相当低级的水平。还发现了 4000 多颗系外行星，其中有所谓类地行星、超级地球等。所有这些情况，既是总结经验的方式，也是它的结果，而这两方面所构成的则是发现真理的过程。

显然，对于宇宙的新发现，科学家总是根据已有的，也就是地球上的经验来加以总结和分析、推测，所以他们也总是很希望能在别的星球上找到适合人类生活的条件和环境。与此相一致，就把系外那些不同于地球上的东西或情况叫做超自然现象。比如，现在可以肯定的是，宇宙中绝大多数物质都是等离子状，而且更多的物质是所谓暗物质、反物质，还有轻元素在巨大压力和极端温度下被"挤压"成更重一些的新元素的聚变现象。但是，这种"超自然"的含义界定本来就有赖对真理的发现和解释，比如黑洞的情况表明，就连时间和空间也都不是宇宙的属性。因此，对于所有这些地球上没有的东西或现象的认识，都是作为符合对象的"真实"也即可经验的总结而成为宇宙学和天体物理学的真理的。

上述情况表明，总结经验并不就是做下来开会、写文章和做实验，更不等于这样就能发现真理了。开会和写文章等只是形式，关键还在于它们作为行动本身所具有的意义，也就是不断尝试的经验。正因为如此，真理原本就蕴含在行动中，比如武装斗争、土地改革、航天航空、绿化环境，各是各的行动，各有各的经验，其真理因素也各有各的针对。因此，发现真理的过程就是行动的过程，而经验总结的一个基本标准，在于行动的"投入"和"产出"。投入就是将行动作为研判的对象，产出则是经由研判保留下来的行动符合真理的部分，包括可供后续行动借鉴和参考的根据，甚至指导后续行动的原则。

第二，关于减少犯错。

　　这里所"犯"的"错"包括判断错误和行动失败，所以减少犯错就是减少判断错误和行动失败。但是，根据前两小节，对错的判断是真理与行动相互检试的过程，而行动的成败取决于居间于理论和实践的知识状态。因此，不能简单地把减少犯错看成经验总结的当然和直接结果，比如你被土坷垃绊倒了，为了不再被绊倒，就去把它铲平。这样说的道理在于，在这种经验总结后的行动中，所起的作用和目的都是不再被绊倒，但并不就等于是不再犯错，而且"铲平"本身只是一个行动，既不是居间的知识状态，更不是真理。因此，减少犯错需要的应该是改变普遍性的行动根据，比如思考方式、看问题的角度、原则、立场等。

　　虽然减少犯错需要改变思路，但思路本身并不是中性的，而是受到社会和个人等多方面因素影响的观念活动。比如，共产党领导的红军、八路军和新四军会打游击战，但是即使把游击战的思路和战法教授给其他军队，比如国民党的军队或其他任何军队，他们也应用不起来，至少效果大打折扣。这里的原因，主要在于民众的支持与否以及军队是否有坚定的信念和高昂的士气。由此，改变思路的真实意义，在于认识和运用真理的时候对相应诸主要方面因素进行调整，以期达到最具效用的一致性和互补性。大致说来，这些因素至少包括三个方面。其一是一定社会条件和环境的状况，其二是主体的特性，包括普遍的或与生俱来的生物学功能，以及社会和历史造成的后天素质，其三是不同地位和立场带来的目标导向。

　　因此，总结经验不仅为了减少犯错，更要避免犯错。但是，这种减少乃至避免犯错，并不是指某件或某些事情做错了，所以以后要多加注意，并且做一些改正，而是指普遍意义上的因素调整。思维，或者说大脑，从来就不能达到存在，其中至少隔着欲望和目的，好听一点叫做文明、文化、知识、社会化等等花里胡哨的中介。这些中介就是行动的条件和场域，尽管具体的认知和中介作用可能有误。但是，人们对于所有中介在起作用方面有一个共同的希望，就是能够符合人的目的，而且还要是"正面的"，也就是价值为善的。所谓总结经验对各种因素的调整，就是这种中介的知识状态及其运用。由此，从实际作用来讲，为了减少犯错，总结经验至少需要或应该达到三个基本要求，即预见性、多重性、变通性。

预见性的意思不难理解，比如，总结经验不能总是停留在摸着石头过河的水平，要能够事先预想到各种过河的可能，包括各种"石头"的状况。预见包括提猜想，做计划，搞实验，但更重要的是总结经验教训，以利于当下和今后的行动的参照，甚至指导。从功能上讲，预见要能够举一反三，形成原则和操作方式，以便重复或复制。知识虽然是无形的，但缺乏预见的知识也可能造成污染，比如除了错误的知识或知识出现了错误，还包括过量和误导，在知识爆炸的今天尤其如此。

就总结经验来讲，最重要的预见在于计划和设计永远都要求超出当下的情况甚至需要。比如，手机刚普及的时候，使用者关心的是电池的安全和续航时间等，而现在接打电话已经是次要功能，更不必关心电池安全和续航，因为这些情况和需求早已被关于手机的计划和设计超过了。同样，当电动汽车普及的时候，代步功能、续航、舒适等需求很可能都不重要了，计划或设计早就一直在追求更新的功能和质量，而且很可能还囊括了智能手机的所有功能。

所谓多重性，是指不仅要看到事物可以有多种功能或用途，更重要的是要考虑到事物性质本身所具有的多重性，或者同一性质的多方面作用。比如，发明新的"智能老年机"，让老人也能和一般人一样享受科技带来的好处和便利。从多重性来讲，这种便利只是一种存在的条件，但至少还有一种选择，就是根本反对这些好处和便利，或者说认为那不是"好处"，而是害处。就现在的科学技术能力来看，已经可以让机器人具有人的语言机制和认知机制了，尽管水平很低。因此，这种特性变化对于多重性的要求就在于，机器人不仅能够按照效率最大化进行判断，还能够由此做出合理与否的推理，不做违反常规和浪费精力或财力物力的事情（甚至不作违背道德的事情，但什么是道德又是一个复杂的话题，我们很快就会谈到）。

不过，作为总结经验的多重性来讲，人工智能是否会"超过"人并不是有意义的问题。这并不仅仅因为"超过"与否本身就是"多重性"的题中之意，更因为关键在于这样提问是否合理，也就是是否属于真理的范畴。因此，尽管在我看来机器会超过人，而且将导致混乱甚至放弃了人的生存位置，但是这个情况的多重性在于，即使撇开道德因素，也必须考虑到人工智能无止境发展所产生的行动选择争议和带来的负面影响。在这个意义上讲，总结经验将有助于把事物和行动的各种多重性赋予具有真理特性的普遍意义。

至于变通性，主要是指已经被认同的原则的运用方式和变化可能。比如，说教育是立国之本，是文明之本，都对，也都是真理，因为知识总要延续、普及、提高才行。但是，怎么进行教育、教育什么东西才是真实的行动，所以有的时候教育并不是根本。比如，鬼子来了不去想办法抵抗，反而还在坚持上课，不仅是固执呆板，简直就是迂腐反动。因此，教育的根本性应该在于一种普遍的功能，但如何教育才是问题，而具体的教育则是行动，也是答案。包括运用方式和变化可能。

既然是变通性，其针对显然就是已定的原则，那么变通的根据和原则又是什么呢？这个答案是很难说的，因为很多，就像同样是共识的那句名言所说的，没有永久的朋友，也没有永久的敌人。但是，对于变通来讲，接在这句名言后面的所谓"有的只是利益"一说却不一定被认同，相反，变通自身的根据和原则只可能根据实际情况产生。这种实际情况的知识形态，就是总结经验，也就是目标与手段的关系调整，从而尽可能地减少变通的盲目性。

第三，关于积淀道德。

其实，把道德当成形而上学加以拒斥并不仅仅是一种傲慢和偏见，简直就是胆怯和无知，不懂什么叫道德。人们无法判定某件事情是否合乎道德，指的是具体的道德内容和含义，因为不同的世界观和价值观对于同一个事物的道德判断可能有不同的理解。但是，这并不等于道德判断是没有标准的，同时也不能由此否定存在着道德这种情况也是一种客观现象。那么，道德是怎么来的呢？有一种看法认为是人特有的情感或心理，比如有实验表明婴儿对于乐意帮助别人的行为表现出更多的好感或关注。又比如，研究发现，关心别人的时候，大脑里产生的多巴胺要比只关心自己的时候多得多，也比平时多得多。然而，即便如此，或者说这些实验是确定的，那么也只表明我们心照不宣地认为道德是按照今天所认为的"好的"情感、心理、态度、倾向而已，而道德从哪里来的反而更加模糊不清了。

当然，道德并不是真理，而且如果把它作为形而上学，甚至连科学性也谈不上。但是，如果没有道德，真理将失去意义，因为道德几乎就是经由总结经验而积淀形成的秩序和行为导向。因此，不同历史时期有不同的道德，但每一次积淀都把道德提升到了真理的水平，也就是在普遍性的意义上成为认同的道理及其价值。比如，按照《礼记》的说法，礼之初，始于饮食，也就是从几近本能的吃喝总结出应该遵从的伦理和权力秩序，从而以此作为道德的象征，包括物质化的程序或仪式。除了历史因素，道德的普遍性还在于经验总结的针对性。比如，前面说过的枪杆子里面出政权是一个普遍的道理，但如果没有道德的针对性，也就是没有道义为善的合理性，就可能成为暴力至上和强权政治的理由或借口。

由于人世间冲突太多，宽容太少，所以道德其实产生于普遍的不安全感，也就是通过总结经验找出的相应相互制约办法。这些方法主要分为两大类，即禁忌和倡导，也就是能做什么、不能做什么，应该做什么、不应该做什么。但是，在具体行动中禁忌和倡导也都具有普遍性的和差异性。比如，最大的普遍性应该涉及每一个人，诸如不可偷盗、要尊重老人等。这些经验积淀提高到真理水平，至少是概括为理论形态，就叫做或属于人权和人道主义。

正是按照这种思路、观念和方式，就连残忍要命的战争也有禁忌和倡导的底线，比如制定的《日内瓦公约》，规定禁止化学和细菌武器、禁止虐待战俘等。不过，成文和不成文的道德很难具有完全的约束力，而从实际行动中各方能否都遵守认同的道德，包括切实执行条约来看，道德的差异性更显突出。事实上，纳粹德国、日本、美国（比如在朝鲜战争和越南战争中）都有破坏日内瓦公约的行动，包括使用化学和细菌武器以及虐待战俘等，而美国更是随意退出它不喜欢的国际公约，包括反导军控、开放天空等。

的确，在现实中道德的差异性似乎更为突出，有差异的行动也更多，甚至是矛盾和冲突。比如，在惩处日本战犯方面，新中国采取的政策是思想改造，一个不杀，其结果是所有的日本战犯在经过改造后都表示诚心认罪和悔罪，还有的战犯在被释放后一生致力于日中友好事业。但是，除了新中国，亚太战争审判中的其他战胜国和被解放国所组成的各个法庭，包括国民政府设立的法庭都只讲法律，所以造成了不仅不讲道德，甚至不讲政治的缺憾。比如，不仅采取不追究日本天皇，不起诉 731 细菌部队等做法，而且其结果恰恰是被审判的日本战犯最终也几乎都不认罪。

上述这种道德的差异性清楚地表明，相对说来，新中国把军事行动道德化，也就是区分正义的和非正义的战争，主张和实践了真正的人道主义、人性和人权而不是复仇，而以美国为首的西方国家则把战争的政治性质法律化，弱化甚至摒弃了道德。事实上，这些摒弃道德的做法，完全是出于美帝国主义的意识形态和全球战略的需要，包括接收 731 细菌部队的研究结果、资料以及保护和延用这个部队的军官和研究人员，到美国继续进行相关研究。

　　至少从逻辑上讲，存在违背道德的情况的一个重要原因，恰恰在于各方对于道德的理解原本就是不一样的。但是，之所以违背者也会和其他各方达成共识，签订协议或条约，一方面是迫于压力，另一方面是另有考虑。所谓迫于压力，在于道德本身所具有的道义为善的价值属性，所以一旦成为历史上或大多数人都认同的道德，很少有人愿意或敢于公开挑战或违背。但是，更重要的似乎还是另有考虑，也就是现实利益，而这些利益和一定的道德观原本就是互为因果的，比如资本主义和侵略战争。如果说，普遍的不安全感促使人们总结经验以积淀道德，那么，一直存在的真实情况应该是，大体同样社会地位或同等权势能力的人容易认同某种道德。其实，在阶级社会中，这种情况也就是道德的阶级性。

　　但是，无论阶级性还是别的什么原因，差异和矛盾本身就表明了道德的必需性。比如，个人主义与集体主义是一种矛盾，但必需的道德使双方至少在口头上都同意，既要有信仰，又要避免偏执，更要反对种族、宗教等方面的敌对冲突。换句话说，越是有差异和矛盾，就越需要找到相对一致的化解办法。事实上，道德不仅来自差异和矛盾的双方或各方的需要，还来自他们需要对付共同的敌方。虽然具体的敌方是依情况而定的，不过自近代以来，"共同敌方"的最典型角色应该是各种掮客或"代理人"，比如买办、中间商、收租人、理财师、保险销售、房地产等各种中介、金融等各种分析师、广告公司、卖彩票的、开赌场的、甚至律师、口译员、主持人等，他们以牺牲被代理的双方或各方的利益而获利，所以完全没有道德感，或者只是把道德等同于所谓经济理性。

　　由于敌、我、友或利益各方的复杂关系和矛盾纠缠，需要并达成道德的最一般常态就是总结经验，因为所总结的东西既是所有人或各方都经历过的事情，也是他们都关心的问题。于是，尽管各方不一定能坐下来开会或谈判，但他们以不同形式和途径由总结经验而产生的各种办法，就作为具体的答案，在"好的"和"值得"的意义上被概括抽象为相应的世界观和价值观，同时也就行成了能够认同并执行的具体道德。当然，总会有人对这种道德并不真的认同，于是或者迫于压力，或者为了某些权宜不得不做些表面应付，但他们为了能够这样做就更需要总结经验，用以发明更多的办法并增进相应的技巧。

4. 小结

　　不管自觉与否，各种行动总是希望或要求有相应的根据。从具体的行动来讲，这个根据可以是目标，但从行动的普遍性来讲，这个根据只能是真理。换句话说，行动的普遍希望或要求反而表明了逻辑上的真理在先、行动在后，而与此相应的情况就在于，真理提出问题，行动展示答案。

　　由于真理的根据性和在先性，其实我们并不能准确和真实地言说真理，但可以大致假设它是一种具有客观性的规律，也就是本质性的关系，而且这种情况往往还需要某种大概率和常态经验来支撑。这种支撑最主要也是最基本的体现，就是检试对错、预测成败、总结经验，而行动就是这些支撑的形式载体和内容含义。因此，这种支撑与真理对检验的豁免性并不矛盾，而恰恰表明或确证了真理的有效性和行动的普遍性的一致，当然也就是真理与行动的相互检试。就真理与行动关系的自身结构来讲，真理的"真"就是行动的"有"，而真理的"理"则在于行动本身的"不可或缺"。

做事情总有成功和失败，而成败的可能都是由真理与行动的关系互动提供的。由于相信或假定真理的存在，又由于成功和失败是两种事实，所以成败的可能就是一种处于理论与实践之间的知识状态，而成败的原因或理由却不是固定的或一致的。不过，根据真理与行动的关系互动，可以为成败的可能预测区分出一些大致的类型，从而一方面能够看出成功与失败本身的相对性、时效性、互换性，另一方面则表明或体现了现实活动中真理与行动的互为验证。

总结经验不仅是发现和认识真理的重要方式，而且对总结经验的依靠和运用与对真理的依靠和运用具有同等性质的规律性。这种经验总结的主要对象就是人的活动与其社会含义的关系。从功能的角度讲，总结经验包括三个基本内容，即发现真理、减少犯错、积淀道德。

第六章　体验与交流

　　体验是指人的一种切身感受的变化，可以是精神上的或身体上的，也可以两者兼而有之。作为切身感受，体验的来源对象很多，但大致可分为间接和直接两大类型。所谓间接，就是通过自己之外的途径或方式，比如读书、学习、被告知等，使自己感受到或知道了体验的来源，而直接就是指自己参与其中，比如做某项工作、执行某个计划，以及随便甚至不经意地做某件事情等，这些活动或境况仿佛就是体验本身。当然，这种分类也是相对的，有的情况是直接和间接兼而有之的，比如参加一个读书会是直接的，但最重要的体验对象却是书中的内容，所以又是间接的。然而所有这些情况的共同之处，就是人的某种精神状态的改变，也就是说，体验的这种变化来自、并且往往就是反映或反应。在此意义上讲，人总是处于某种体验中，除非睡着了而且没有做梦。

　　然而经验告诉我们，要知道自己体验到了什么，就需要由某种方式来表达或表现，这种方式就是交流。或许，从量子理论的角度来讲，由于一个观察者无法既测量时间又测量空间，所以时空甚至也是以交流的方式建立的，比如通过两个或多个观测者的合作来实现量子信息的交换。当然，这里的体验与交流是从哲学而不是物理学角度讲的，尽管我猜测并相信，由信息甚至思维构成的场域应该也有其相应的物质载体。至少，逻辑和经验都表明，尽管人总是先有体验，但这种体验的内容和含义都要经由交流才能够确定。换句话说，体验提出了问题，而交流作为这些问题的展开而成为具体的答案。

体验与交流的这种关系有一些类似说明与陈述，即说明经由陈述而具有真实意义，但却有两个本质的区别。其一，陈述在性质上是遵从说明的，而交流则生成和确证了体验；其二，唯其因为对说明的遵从，所以陈述反而也可以为了说明的某些目的而隐去说明，或者说使陈述相对独立，而交流和体验则是互为表里的，或者说缺失了体验的交流是没有意义的。因此，虽然在逻辑和经验上都是有了体验才有交流，但是只有当交流运行的时候体验才可能具有真实内容。正是在这个意义上讲，交流是体验的展开，也即体验的答案。

体验当然是个体的，而且对同样的反映或反应源，每个人的体验也是不一样的。但是，体验的内容不仅也可以大体一致，而且还取决于交流的情况。比如，对于一群为了看日出而晚上登泰山的人，当他们面对次日清晨的日出时的体验就可能是大体差不多的。之所以说"差不多"，是因为这群人以往的经历不同，个人的禀赋、兴趣、教养以及当时的心情或期望也不同，所以个人的体验不可能都一样。这种差不多所表示的，就是曾经有过的交流因素所起的作用，所以也可以说所有体验都是以各种交流因素为条件的。因此，虽然也有自我交流的情况，比如学习、理解以及自言自语，但从逻辑上讲，自我交流与人群或人与人的相互表达或表现所使用的"工具"应该是一样的。事实上，即使是自我交流，个人的体验也只有通过人与人的交流才能证实。不过，自我交流中直觉的成分可能更多一些，或者说由于自己对自己的了解和熟悉，有些内容甚至不用表达出来，至少不必像对别人那样表达得那么清楚就能够用来交流了。

本章将讨论构成体验与交流关系的主要功能因素，即情感和习惯、语言和计算、宽容和规范。之所以以成组的方式列出这些因素，主要是因为各组中的两个因素比起它们与别的因素的关系都更加密切。从逻辑上讲，放在前面的因素，也就是情感、语言、宽容是问题，后面的习惯、公式、规范是答案，不过在实际运用或行动中，各组的前后因素是互为问题和答案的。作为构成体验与交流关系的功能因素，这三组因素的地位及作用各有侧重，比如相对说来，情感和习惯是基础性的，语言和计算是实用性和工具性的，而宽容和规范更多价值观的意义。

1. 情感和习惯

这里所说的情感，大致包括心情和感觉两层意思。不过，这既不是严格心理学意义上的感觉，也不完全局限于社会学意义上的心情，而是在哲学意义上讲的某种基本上处于感性层面或水平的精神状态。感性和理性的区分一直就是哲学的传统，而且这当然有其好处，尤其是方法上的便利之处。比如，可以由此假设认识的感性阶段和理性阶段、区分个别的看法和一般的理论、维护理性的权威或地位、甚至对被认为是感性的错误加以原谅和宽容等。不过，之所以说这里的情感"基本上"处于感性层面或水平，在于它实际上是处于感性和理性之间的精神状态，近似于某种整体的态度、倾向、感受。因此，即使情感状态中也会有理性的成分，即有可能形成或具有的理性东西，比如理论分析、逻辑判断等，但它们一般都既不明显，也不完整。

就切身感受的变化来讲，情感可以算是体验的基本表现形式。比如，某人在路上行走，遇到一个男人，留着小胡子、长头发。这时，这个人可能由于不喜欢这种修饰打扮而对小胡子男人心生厌恶感，甚至认为他不是个好人。然而走了没多远，这个人不小心摔倒了，结果却是小胡子男人从后边跑过来，背着他去了附近的医院救护。于是，这个人顿时改变了对小胡子男人的看法，甚至还自惭不应该以貌取人。在这个例子中，发生变化的就是情感，它不仅不一定或者不需要有什么推理、判断、分析等理性因素的参与，而且这种情感的内容也不一定或不需要有明确清楚的表述。这里的感受，大致就是一种笼统的感激之情，还到不了道德和道理的层面，更不会由此改变原有的审美取向或习惯而喜欢另一种修饰打扮（比如小胡子加长头发）。

那么，这种不明确或笼统的情感是如何发生的，又是如何被自己或别人知道和理解的呢？这就要靠习惯。一方面，情感的形成在很大程度上依赖习惯，另一方面，习惯是人们进行交流的共同维系。比如，在上述例子中，之所以某人的情感会发生变化，在于"小胡子加长头发"作为人物修饰打扮的特征，具有某种固定的审美甚至价值取向，而助人救人的行为则具有另一种审美和价值取向。这两种取向的相对固定和区分，既有赖于社会行为和评价久而久之形成的习惯，也成了习惯本身。因此，对小胡子男人看法的改变其实是转换、减弱甚至暂时放弃了某种习惯，尤其是审美习惯，既无需明确的看法，更谈不上理性的道德。就情感对习惯的依赖来讲，这里所说的情感并不是指某人对别人或什么事情更有好感，或者情有独钟，而是指处于心情和感觉水平或状态的体验与交流需求。

我们不可能总是保持某一个情感内容，也不可能只停留在某一个情感状态，所以情感的变化就像行动那样随时随处都可能发生。不过，行动一般都有目的，有方向，哪怕并没有意识到或者不很明确，而情感虽然也可以有目的和方向，但大多并不必需这些因素，从感觉的特性来讲甚至是排斥这些因素的。情感变化的重要和基本参照，就是习惯，也就是合不合习惯，而各种情感的变化，就是体验和交流得以生成并运行的基础。

事实上，情感和习惯的密切关系随处可见。比如，一般人都对故乡有感情，其实那就是一种习惯的情感，包括故乡好的和坏的方面。出去时间长了，或者年纪大了，回到故乡之所以会有亲切感，就是因为找到了老的、也就是以前的习惯，或者习惯的痕迹，于是就产生了共鸣。相对说来，如果一个人很小就离开故乡，没留住什么记忆，那么即使他听老人讲了很多家乡的事，或者从小说中读到了很多家乡的美，也还是不如记忆更多、年纪更大的人对故乡更有切身感受。这里的根本原因，就在于缺少习惯的共鸣。

不过，给"习惯"下定义是很困难的，因为这里处处是陷阱，又好像复杂的迷宫，一不小心就会坠入危险或迷路。也许，比较安全的方法是把习惯当作重复，或者准确地说是我们对于重复的需要和依赖的抽象。在这个意义上讲，习惯是不可避免的，因为我们需要习惯，甚至依靠重复习惯而活着。每天刷牙、洗脸、上班、工作，一切都不能搞乱，更不可能日新月异，即使对于新的知识的学习、掌握和运用，本身也都是习惯。正是有了习惯，创新才有了针对，而且完全的创新是极少的，大多数创新其实是习惯的重组，所以也是一种重复。当然，有很多创新出自偶然发现，这里的确有尚不是或未成为习惯的新东西或新成分，但出现这种偶然的可能恰恰在于忘记或忽略了相应的习惯。科技史上就不乏这种实例，比如因材料放错了地方而发现了缩短胶片曝光时间的配方、因睡觉耽误了观察而发现了体外受精时精子所需的放置时长等。

习惯既不像传统那样有明确的内容，也没有规范那种对于遵守的刚性要求。习惯的含义看似模糊，其实这种情况正表明，习惯并不是自我独立的，也不是盲目随意的。无论从发生学角度还是实际情况来讲，习惯就是特定环境和条件所允许的经验重复，重复多了就好像是不经意那样成了习惯。所谓特定环境和条件，当然是从社会性的角度讲的，所以表面上看好像一个人有一个人的习惯，但正因为所有人都有自己的习惯，习惯才可能被抽象出来在范畴的意义上使用。不仅如此，每个人的习惯不可能完全冲突，相反，众多的习惯不仅形成了社会习惯的总体倾向，甚至还为具体的习惯提供了选择，包括把时尚做成习惯。在这个意义上讲，习惯是人们交流的基本方式或通道之一，同时也是交流的形式化特征。

　　如果习惯是交流的前提，那么形成习惯很可能具有生物学的根据，甚至是本能，但习惯的内容含义及其运用应该是社会性的和可习得的。所谓生物学根据当然是指人的身体功能，比如某些反映与荷尔蒙活跃、多巴胺增加、神经敏感、经络变化等状况的互为表里。但是，习惯的内容含义总是在经验的意义上起作用的，从它的不被察觉或所谓下意识特征来讲，这种作用或许可以叫做"后天"生成的本性。也许正因为如此，也就是一方面习惯具有社会性和历史性，另一方面，每个个人往往并不清楚某些习惯的内容含义及其运用，所以才使得习惯成了交流的前提。

　　其实，诸如"善解人意""听话听声、锣鼓听音"之类的说法或成语之所以具有真实性，正在于这些情况都有一种共同的维系特征，即基于共同的习惯或者对习惯的了解。所有这些情况，都有可能根据内容的确定与否以及作用的大小而形成相应的传统。尽管传统大多具有明确的内容，但它们有自觉形成的，也有自然形成的。自觉的传统和情感是相互支撑的，而自然的传统更加促使习惯的稳定，所以传统对情感的变化作用反而更明显。比如，不管如何理解"传统"的含义，总之在经验上都有一个时间差距，也就是针对不停到来的"当今"而具有意义，所以传统是"活在"情感和习惯里的。比如，没有对传统的情感就做不了传统手艺人，但没有当今认同的情感更不可能有传统手艺的延续。

　　因此，所谓感情和习惯对于体验与交流关系作用的基础性，是指介于自然的条件反应和自觉的理性判断之间的精神活动，而它对于体验与交流的支撑作用，就在于现状的改变，也就是感性水平的某种变化。换句话说，情感的变化是必然的和正常的，但人既不可能一刻不停地总是变化，也不可能或没必要对变化中的任何东西都很了解，更不可能或没必要把这些东西的内容都弄成清楚的判断和表述。事实上，正是介于这两者之间的情感变化，才可能是构成后续各种精神活动，尤其是体验的基础。

也许，人具有情感本身就是个神秘的问题，或者严格说来，情感是处在哲学之外的东西。不过关于神秘后面第七章将专门讨论，这里要说的是情感既可以触景生情，也可以由凭空想象生情。触景生情当然是从反映论角度讲的一种状态，但是，众多的情感不仅由于结合了习惯参照而使其形成的内容含义更具有相对独立的性质，而且也由此才可能被抽象为范畴意义的情感类型。这些类型得以起作用的因素也就是体验的平台，它们可以作为各种经验的对象，包括想象的对象，从而产生或引起情感的变化，比如所谓无名的感伤、悲从中来等。在这个意义上讲，情感甚至也有外延，或者说也可以"外溢"。比如，上述传统手工艺制品的价值和特点，就在于相应的情感，甚至可以说情感、当然还有习惯共同赋予了这些手工艺制品以"生命"。

由上也可以看出，尽管都是关系互动中的"问题"一方，但体验不同于前面讨论的"命名"和"说明"的一个重要方面，就在于构成体验的最一般成分以及显现最多的状态正是情感，所以人们才最容易、也最愿意在情感这个层面或水平进行交流。然而正因为如此，情感变化本身只是某种形式，习惯参照才是具体的内容，情感和习惯至少在生物学和社会学方面共同构成了体验与交流关系互动的真实基础。

2. 语言和计算

如果说，情感和习惯是处于感觉层面的东西，而且它们主要是为体验与交流的关系互动提供基础，所以往往对其内容没有也没必要有清楚的含义表述，那么语言和计算则正相反，它们一方面是体验与交流关系的内容含义表达或表述的工具，另一方面也可以独自构成有含义的内容。语言和计算都有自己的规则，比如语法和逻辑，在这个意义上讲，它们不仅各自都有各自的"道理"，而且也可以进行道理之间的认知和交流，包括知识的学习、理论的理解、观点的讨论等。不过，根据体验与交流关系互动的特性，它们对于语言和计算的运用并不在于道理本身的认知和交流，而是主要通过各种"描述"的方式，形成能够被整体地"看到"的图景。换句话说，语言和计算作为体验与交流的工具所提供的，是各种仿佛离开了道理或者不需要道理的"知道"。由此，本节主要讨论的，就是语言和计算分别在什么意义上以及怎样作为相应的工具和内容的。

体验与交流都不能只停留在感性的变化水平，它们的内容含义需要表达或表现出来，以便让参与体验与交流的人以及没有参与其中的其他人"知道"，否则体验与交流就无法进行，或者只能处于含义缺失的混沌状态。作为工具，语言和计算的主要功能就是实现这种"知道"，而主要的方式则是描述。所谓描述，当然可以有被描述的对象，然而就其功能的实现来讲，关键在于不管有没有被描述对象都要描述得像"看到"了一样。因此，描述的知道和推理不同，不是靠逻辑推理或与已有知识的比较得出某种"理解"，而是就像看见一样知道某个东西就是它所是的那个"样子"。换句话说，不管描述的对象本身是否看得见，或者说有没有可见的对象以供描述，描述本身都必须能生出可见的图像。这个意义上讲，不管描述的对象是真实存在的还是想象出来的，它们都通过语言和计算为体验与交流提供了能够看得到的内容含义。

不难理解的是，我们不可能同时出现在两个地方，也不可能让所有景象保持不变，所以即使撇开想象中的东西不谈，体验与交流过程中的绝大多数东西都是看不见的，甚至我们周遭的绝大部分状况也都是看不见的。不仅如此，当别人跟你说某个概念、道理和事件、活动的时候，实际上你只能"听到"而不是看见。在此意义上讲，描述不仅要描述各种对象，甚至还要描述自己，也就是描述"描述"，而且所有这些描述都要能达到使人"看到"的水平或程度。有些东西虽然我们当下没有看到，但我们知道并相信它们是存在的，而且就是我们所知道或相信的那个样子，比如几栋楼房。然而，还有很多的情况是那些真实存在的东西你实际上一辈子也看不到，比如刚才说的你认为你已经知道的那几栋楼房远在万里之外的美国，而你很难也不打算去美国。还有更多的情况所描述的只是纯粹的想象，或者说是纯粹存在想象或观念中的东西。

比如，维特根斯坦曾谈到过两种"看到"，一种是具体的东西或状况，另一种是两个东西的相似之处，比如两张脸的相似之处。他同时又明确指出，这两种看到的"对象"在范畴上是有差异的，但对于它们的"看到"本身却没有变化。于是，维特根斯坦把对同一个对象的不同的看到的经验叫做"注意到一个面相"。[1]比如，两张脸是两个对象，而且其样貌对于所有正常看到它们的人来讲应该是一样的两张不同的脸。但是，这两者的相似之处又是一个对象，而这个对象却只是许多要素，并没有固定的样貌，所以不同的人看到的要素是不一样的。在这种情况下，无论把这种相似之处言说出来，还是把这种相似性做抽象表达，相应的言说和表达都只有在描述的意义上才可能形成被"看到"的图像。

让别人看到并不是一般语言学意义上的传达，而且看到了什么也不等于就理解了什么。前面的讨论，尤其是第一章已经说过，语言是哲学的重要关注，所谓"语言学转向"甚至把语言作为哲学的核心或唯一问题。不过，这一小节不是在这个意义上讨论语言的，而且也要与语言在这方面的作用区别开来。简括地说，语言作为工具，无论在命名与指称和说明与陈述中还是在日常生活中，其意思都是清楚的，而且这种清楚从逻辑上讲与内容含义是一致的。然而对于体验和交流来讲，语言所表达的意思可以是清楚的，也可以是含混的，但必须有能够让人"看到"的描述内容。这种"看到"通过计算在形式上也可以是"听到"，比如射电望远镜把银河系中的氢原子发出的电波转换为声波，于是我们就能听到这些氢元素的声音了。事实上，在对于体验与交流关系的重要作用方面，"看

---

① ［德］维特根斯坦：《哲学研究》，李步楼译，陈维杭校，商务印书馆2008年版，第294页。

到"和"听到"以及"闻到""触到"等这些感觉的"描述"性质
是一样。

作为体验与交流关系的内容，语言不仅限于名词，也包括动词
和形容词。同样，人们不仅仅通过话语相互交流，书写、画图、打
手势等也是交流的方式，但是在今天，更重要的工具是计算技术。
所谓计算，就是把一切需要表达的内容都通过计算来实现，或者说
都用数字的方式转化出来，成为在能够"看到"的水平上的描述。
显然，作为体验与交流关系互动的工具，计算具有比语言更多的方
式，包括数字、数据、网络、摄像、复制、3D 打印等都是计算方
式。计算需要公式，所以公式成了最常被计算运用的方式，但公式
的作用并不局限于此，因为它同样也可以是某种可观察的状态。

与语言不同，公式可以反推，而且很多都可以互换，所以叫换
算，比如 339，反过来就是 933。但是，语言的意思只能朝向一个
方向表达或理解，不能反过来。比如，"有钱能使鬼推磨"这句俗
语很容易理解，但如果反过来说"没钱能使磨推鬼"，那么这句话
不仅不可理解，而且没有意义，因为"没钱"和"能使"放在一起
在作用或语义上是矛盾的。语言不能反过来说，但这并不妨碍用不
相干的东西表达另一个意思。比如，谁也没见过鬼，原本是奈何不
得它的，而且鬼和磨不是同样的性质，也不处于同一个系统。然而
正因为如此，用鬼来说话才能"描述"出钱的重要性甚至万能性。
相反，如果"没钱能使磨推鬼"是真的，那么钱的重要性也就不存
在了。

不过，语言的描述也有它的特性，就是它与言语的构成关系。

语言描述的最基本方式就是言语，包括说话和阅读或者说默读，因此，"语言"其实是言语的抽象化、规范化和类型化。然而相对说来，言语之所以能够具有描述的作用，主要在于一种默契。正是这种默契，使得交流中的各方得以产生"看到"什么东西的体验，所以这个过程仿佛无需文字、语法等载体和规则。历来的哲学之所以对所谓思维与语言以及思维与存在的关系等说法争论不休，一个根本性的原因就在于这些说法都是默契之外的东西。因此，哲学只能是设置问题，这就好像维特根斯坦认为言语无法说语言的结构一样。比如，上面说到鬼推磨的"鬼"不可名状，看不见摸不着，但这些并不妨碍人们言说鬼，甚至相信鬼的存在。

　　事实上，早在8世纪禅宗就把言语和道理的关系形而上学化了，所以万物道理的"第一义"才是不可言说的，因为它所表示的东西在本性上不仅超出了言说，也超出了语言的结构，或者说是什么也没有即"无"本身。由此也可以看出，虽然语言是独立自为的，但只有言语才有"意思"和"含义"。语法只是一套虚构的规则，甚至是"虚构"本身，字和词才有"意思"。言语活动或过程是物质性的，但其"意思"和"含义"则是精神世界的东西。反过来说，精神是对日常语言的反映，所以意思才可能经由描述而形成内容和含义。在此意义上讲，"神秘"是存在的，但它不过就是精神的不可还原性罢了。

　　因此，描述能够达到"看到"的水平或效果，全在于各种理解所具有的通约性。这种通约性来自言语的经验，从而能够通过经验的直觉来感知或"看到"语言的描述。然而正因为如此，从内容的真实性来讲，言语其实并不可信，至少在日常的交流中大多数话语都是敷衍性的，尽管并不一定都是假话。在这个意义上讲，虽然言语是语言描述的基本方式，但由此所形成的体验不仅可以与言语分开，而且言语的真实意思和内容含义反而是由体验来判断或决定的。因此，尽管体验的最基本形式就是言语，但其普遍的抽象则是语言，而且正是语言指导或选择了描述的交流方式。

从语言的角度讲，"这个句子是错的"当然是个悖论，但这只不过是陈述的悖论，并不能作为说明来使用。当然，从本质上讲，所有悖论其实不过是用主词自我相关的语义来偷换语法。就这句话来看，如果不是或没有主词自我相关，也就是"这个"在语义上并不表示这句话中的"句子"，那么这个句子在语法上就是错的或没有意义，而且不可能同时也是对的。因此，这里并不存在真实的悖论。造成悖论假象的原因在于只肯定语法都是对的，却把明确的语义安排进没有内容含义的语法规则中。在这个意义上讲，哲学总是从规则（语法）与含义（语义）的一致性来追究言语的所谓正确性，却忽视了语言"描述"的交流作用。这种描述并不考虑、也不必需规则与含义的一致，更多的却是对于某种默契的调动和运用，从而能够在"看到"对象的水平上形成体验与交流及其互动。

语言描述是有对象的，包括想象出来的东西或想象本身，所以思维与存在的关系与语言无关，而是转换成了可以"看到"的意义，从而也就是对于问题的设置。然而正因为如此，描述本身就是各种答案，或者通过答案的形式来确定所"看到"的内容含义。但是，这些问题和答案仍然都存在如何表达的困难，所以体验与交流

　　的关系互动既是收容这些困难的领域，也是转化相应困难的机制和
途径。这样说的根据在于，哲学最根本的问题之一历来就是凭什么
问"为什么"，而这个"凭什么"本身又不可能就是答案。在这个
意义上讲，数理逻辑用符号来消除语言（其实是句词）的多义性的
企图和做法都是不对的，而且果真能够做到这一点，其实也就消灭
了哲学。

　　尽管维特根斯坦后来有很多看法和他的《逻辑哲学论》不同，
但把语言看成或类比为游戏这个看法是一贯的。① 既然是游戏，就
会有相应的过程，而且从这种游戏的性质来讲，言语应该是一个有
着较长时间的活动，并涉及许多因素。因此，一旦说话，这个活动、
也就是"问题"自身就具有了多重性，所以相应的多个"答案"不
过就是说话这个"问题"的多重性的指向和含义展开。如此说来，
多个答案不是在"和""或"的意义上讲的，因为这还是"一"，
或者说是"一"的不同表现形式。比如，"和"表示"一"的多个
方面或内容，而"或"则表示不同的东西必选其一的"一"。其实，
正是由于这个看似是语言学、实际是哲学的原因，导论中才说关注
哲学的问题与答案状态是从维特根斯坦的终结处开启的，尽管他并
没有意识到这一点，而且他如果活着也未必同意这个看法。

　　不过我一直在想，如果不是罗素的发现、夸赞和举荐，维特根
斯坦很可能早就默默无闻地湮灭了，可是他还不领情，说罗素没有

―――――――――
　　①　[德]施太格缪勒：《当代哲学主流》（上卷），王炳文、燕宏远、张金言等译，
商务出版社1986年版，第576-577页。

读懂他——也许他心里认为所有人都读不懂他。事实上，正是这个情况（或者说我的猜想），很恰当地表明了问题与答案从维特根斯坦终结处开始的可能。当然，维特根斯坦的不可言说是从逻辑上讲的，也就是语言无法表述语言自己的结构，即语言自己的逻辑形式。但是，这种结构或逻辑形式却是在语言的运用、也就是言语中表明出来的，所以维特根斯坦就转到经验、常识、习惯等方面，也就是日常生活语言，以图避免对于语言本身的误解。或许正因为如此，他才想到了用"语言游戏"来表示语言的特性，也就是原初的语言在运用的过程中所显示出来的使用方法。

由于语言和命题没有本质，至少没有普遍的或统一的本质，或者说维特根斯坦放弃了这种本质，他就把语言使用中的各种特性、形式、过程、变化叫做"家族相似"。然而即使这样，他的研究的开端仍是追问一个词是什么意思，包括儿童学习语言也是从弄清楚每个词的意思开始，而哲学的错误，在他看来也仍然在于对语言的误解和误用。因此，维特根斯坦毕生的哲学努力和贡献，似乎就是下决心把言语中可能的误解弄清楚，为此不惜以不让人说话，至少是不能正常说话为代价。但是，所有这些困难都不妨碍描述能够看到的图像，因为语言与游戏的类比只是指某种规则，而不是有意义的活动。比如，尤其像"家族相似"这样的类比，其实就是"描述"的抽象，包括描述对象以及描述自己。

和语言一样，作为交流工具，这里讲的计算也不仅仅是数学意义上的算法，而主要指支持相应工具的技术。计算包括很多方式，包括数学、逻辑、公式、语法等，而对于体验与交流来讲，它们共同的功能特征就是描述。这样讲的根据在于，所有的计算技术都具有算法的普遍性，这就使得具体的技术可以不必顾及算法的道理、逻辑或根据，直接就把各种信息转换成可以看得见、听得到的描述或场景图像。比如，几乎所有的计算方式或过程都需要进位，而计算机和电脑的最基础运算用的就是 2 进位制，并由此将相应的技术运用到了现代文明的几乎所有方面。在这种情况下，如果说语言的描述还有赖于某种默契，那么计算技术的描述可以完全没有内容而直接成为交流本身，尤其是互联网的使用，已经使计算成为体验与交流的最基本、同时也是最主要技术支撑。

因此，计算的描述并不在于精确，而在于达到"看到"水平的效果，包括类比。比如，瓦特当年为了让人们能够直观地知道他所发明的蒸汽机的性能有多强大，于是发明了"马力"这个计量单位，也就是用"马"作为能够"看到"的形象描述。从换算规则来讲，我们知道 1 千瓦特等于 13.6 马力，但是，每匹马的实际力气是千差万别的，所以这个换算不过是人为了计算方便而制定出来的规则。不仅如此，有人甚至计算过，真实情况是一匹马的最大输出功率接近 15 马力，而一个健康的普通人大约能产生 1 马力多一点的功率，所以准确的或正确的说法"马力"这个计量单位应该叫做"人力"。在这个意义上讲，计算本身也是描述，而且是"看到"的意义上和"图像"的程度上的描述。当然，也可以用"听到"的方式来描述或支持"看到"意义上的知道，比如听到宇宙中遥远的脉冲星发出的无线电脉冲信号。

对于体验与交流来讲，不管采用哪种计算方式，包括数字扫描、遥感、声呐等，最终都还是要"看得见"。不过，这种看得见也有计算的优势和特点，不仅和语言的描述不同，而且在效果上更是语言描述远远不可比拟的。比如，现在可以运用 CT 扫描等技术，不用打开木乃伊棺椁就可以看到里面阿蒙霍特普一世法老的尸首。至于遥感测绘、矿产探测、脏器和颅内手术等等这些穿透视觉障碍的计算技术，都已经成为普遍应用的文明手段。这些计算本身极为精确，然而对它们的体验并不一样，也就是说这种精准并不要求、也没有一一对应的体验内容。

事实上，尽管各种计算的交流都要依赖算法的规则或普遍性，但对于由计算所支持并转换的描述图像来讲，交流的功能性机制更多出自于个体的经验。因此，如果从规则的角度讲，计算和语言一样原本也是有清清楚楚的原则和逻辑的，那么也和语言一样，计算的这种清清楚楚对于作为体验与交流关系运行的工具来讲，却不是必须的要求和应有的常态。计算有自己规则，也就是算法，但它们只是作为技术支撑被动地存在着，仿佛隐藏在另一个看不见的领域，而只将它们的结果用做体验与交流的图像因素。

作为交流工具，计算技术最为常见的应用形态就是网络了，不管是政府还是社会、是组织还是个人，几乎一天 24 小时都离不开网络。由于有了网络，大量的体验与交流都可以在网络上进行，而且几乎不需要知识储备，因为任何东西都可以在网上查到。微信、视频、大数据、云控制、直播带货等方式看起来是人与人之间的距离拉近了，而且随时随地都能够"看到"。但是从本质上讲，网络作为交流工具的特性恰恰在于人们相互看不见，或者说不必看见，所以是相互关系拉远了，或者说交流隐匿化了。不仅各种查询不用问别人，在网络上找就行了，网络甚至也不需要和任何人见面和交谈，就能够进行指令性的交流。比如，一个快递员全天都由软件支配和监控，包括是否给差评，而跑长途的司机和车辆的所有状况也是由后台的网络所监视的，包括提醒司机不要疲劳驾驶。

从主观意愿来讲，交流并不一定是双向的，也就是说，可以、而且往往就是一方"先"向另一方发出交流的信息。因此，交流也不一定都是善意的，比如欺诈就是损害对方的交流信息。在这方面，网络作为交流工具最具特点，也最有效，因为网络诈骗并不针对特定人，而是跟全社会交流，与广告类似。然而正因为如此，网络也更容易操弄语言和计算，包括一些蓄意的恶劣行径，比如利用网络造谣污蔑，并且挑动不明真相的网民跟着起哄，扩大舆论压力。

由于交流的单向性和隐匿性，生活中很多体验与交流的相应内容含义其实并不对称，或者说两者的关系并不真实。比如，在微信上加"加好友"不仅很随意，无成本，而且根本无所谓对方是否真的是"好朋友"；又比如，明明自己要告诉别人什么，既包括自我表演或炫耀，也包括不满抱怨甚至倾诉痛苦，但却都说成是与别人"分享"，全然不管对方是否有"享受"的要求和体验。但是，这些不对称或不真实的做法之所以成为交流的常态，恰恰是因为语言暴力的算计，也就是对于人们普遍希望得到"好的"体验的心态的利用。

不过，上述体验与交流的不对称是就关系中的各方来说的，也就是假定各方都是真实的主体，而且地位相等。如果没有这种假定，那么关系中的各方就有可能将自己交给某种机制或技术，比如计算，从而都成为它的结果，或者说，成为自我交流。网络之所以强大，一个重要的因素就是数量。因此，诸如充流量、扩粉丝、加盟店等各种做法，看起来是很热闹的交流，其实质则是由数量决定交流的性质、含义、特征、结果。这里的自我交流形态，就是通过计算制造出的各种数字社会和虚拟空间。

但是，所有这些"计算"的抽象和虚拟运作却产生了赚钱的"元宇宙"（Metavers）念头或思路。这个词汇或概念在 2021 年提出后，网络界的以及其他行业的大公司立刻就趋之若鹜，纷纷打算投资开发，甚至政府也不甘落后。比如，在《上海市电子信息制造业发展"十四五"规划》中，就把元宇宙列为四个前沿探索的领域之一。之所以会出现这种情况的原因，恰恰在于从科技界到市场的各方都从中看到了赚钱的商机，而这种商机的平台就是算法，其运作机制则是用算法来塑造世界。

事实上，算法运作所造成的虚拟与现实的交织，已经使交流的边界趋于模糊，甚至消失。但是，造成这种状况的关键不仅在于快速和便捷，从使用方的角度讲，更在于图像的表面化，也就是图像成为交流的普遍和直接方式。不管数字社会还是虚拟空间，计算作为交流工具所提供的描述都是最具图像特征的，也就是说，对计算的操纵可以是抽象的、逻辑的、技术化的，但使用这些操纵成果的人面对的始终只是图像性的"知道"甚至"看到"。因此，随着计算技术的发达，体验与交流的实际状况也许很快将由于这种计算而变得平面化，只不过生活在里面的人很可能感觉不到，因为虚拟和现实正在变得一体化。

就计算的功能作用来讲，真正的虚拟东西就是人工智能机器人，因为它们虽然有真实的"身体"，或者说物体，但其特性却在于看不见的"智能"。在这些方面，虽然机器人也能使用（甚至部分具有）人的认知机制和语言机制，但这些运作应该都属于逻辑范畴，而利他主义、爱、同情等生物性和价值观的体验与交流，似乎应该超出计算机的逻辑规则，至少现在还是如此。如果完全依从逻辑，机器人就很可能不顾道德而做出最简便的决策，比如用杀死一个传染病人来防止更多的人被传染。不过，即使不谈道德上的争议，只要这种机器还是"人工"的什么，那就还是某种技术，或者技术的载体，当然也就是体验与交流的载体。

因此，对于体验与交流的关系来讲，人工智能机器人及其功能作用的性质在于开启了解构这种关系的可能，也就是体验和交流既可以相互独立，也可能都失去意义，即都交给由算法支撑的虚拟图景。换句话说，这些变化也可能造就出新的、或者说另外一种体验与交流的关系，不过，具体描述这种情况现在似乎还为时过早。能够确定的是，在新的结构性关系还没完全形成或情况尚不清楚的时候，人工智能仍然作为实用性的语言和计算工具，承担体验与交流关系互动的某一功能方面及相应的载体形式。

3. 宽容和规范

这里讲的宽容和规范并不是某种对象性的态度，好像谁要对谁或对什么事情表示宽容，或者要给他（它）们制定规范，而是内在于体验与交流关系自身的某种需要。也就是说，体验与交流关系的构成本身就包涵宽容和规范的因素，同时这些因素的状况或应用也影响或制约着体验与交流的具体内容含义。因此，所谓宽容和规范所具有的相应价值观意义也不是某种外在的要求，比如某种人生观或意识形态，而是指宽容和规范这两个功能要素对于体验和交流的形成及其关系运作来讲是"值得"的，所以具有选择的特性。这种选择性也体现为体验和主体的情况密切相关，主要包括两个方面。一方面，同一个境况中不同的人的体验很可能不一样；另一方面，这种不同在很大程度上与主体所处的社会环境密切相关。

因此，不仅为了理解，交流需要最低限度的规范，而且为了情感的稳定，或者说交流的正常进行，体验也不得不具有最低限度的宽容。宽容和规则尽管是两个不同的功能因素，但也有着互为表里的关系。从功能角度来看，宽容更多具有形式上的两个特征，一个是体验本身在内容含义方面的非精确性，另一就是交流方式或手段的丰富性。所谓体验内容的非精确性，当然是指情感变化的整体性和宽泛性，所以尽管可以"事后"将相应情感的内容含义整理并表述出来，但情感变化本身已经发生了，其内容含义可能被直觉到，也可能只是相对模糊的感觉。至于交流方式的丰富性，不仅包括多样性，比如上述语言和计算已经说到的，更在于在方式选择上的开放态度。

然而，宽容之所以具有上述两个特征的根据却在于规范，也就是说，宽容与否是以规范为参照的。这种参照包括两个主要方面，一个是规范本身的自由度，也就是不同规范本身的刚性，或者说允许在多大程度上超出或偏出规范，另一是规范的针对性，也就是内容上的适用性。就自由度来讲，比如法律是刚性的，虽然也有应用幅度，但不允许偏出；校友会的章程就没有那么严格，而且即便有些许违反也不至于有什么不良后果。就针对性来讲，不同的规范各有相应的适用对象或适用域，比如军队纪律、治安条例、体育赛事规则、社区卫生公约等，以此为参照的相应宽容不仅自由度不同，而且宽容的内容往往也具有完全不同的性质和含义。

所谓宽容以规范为参照是从形态学的角度说的，而就宽容自身的发生学来看，宽容主要来自或依赖由各种关系所产生的信任，从而影响甚至决定着具体的体验内容和交流形式。这些关系大致可以分为固有的和外来的两类。固有的关系是个体化的，一方面指生来就具有的关系，主要包括血缘、亲戚、同乡等，另一方面指在学习、工作、生活等活动中必定形成的关系，比如师生、同学、同事、上下级、朋友等。外来的关系不仅是普遍性的，而且是非人格性的，主要指社会环境和制度。固有的和外来的关系是从特性来区分的，但对于某个人或某个群体来说这两类关系不仅可以同时存在，而且对于体验和交流所起的作用往往也不一样。比如，对于任何人来讲，血缘关系是固有的，它比其他关系都亲近，也最具自然性和个体性，就连隐姓埋名的逃犯，一般也很难不和他的亲人联系。但是，同样一个人，如果他某天成了被通缉的逃犯，那么"逃犯"这个外来的关系所形成的特定身份，使得他与亲人的联系只能偷偷进行，不能公开。

由于关系类型的不同，信任的根据、强度和方式也都有差异。最强的信任可以无视或挑战规范，比如《水浒》里的梁山兄弟，相互过命的信任其实大多是出于盲目的所谓义气。我曾在美洲看到过某些社会组织的老章程，写在绣有黄龙的绸缎上，其中就明确说，为了义气可以不讲法律。当然，哪些信任被认为是最强的并无一定的根据和规律，或者说具有偶然性。但正是这种情况表明，不管选择哪些种类的信任，也无论是否会因为这些信任而不顾规范，信任的选择本身就是一种宽容，同时又潜藏着相应的或新的规范。换句话说，宽容和规范的矛盾只是表面现象，真正的性质却是相互的吸纳，也就是一方面信任已经充分考虑了可以接受哪些规范，以及在何种程度或范围上接受它们，另一方面被接受的规范也增强了信任的现实保证，同时也拓展了信任的空间或可能。

在实际运用中，宽容并不是某种大度或客气，而是"描述"本身的多角度和多可能，所以某种做法如果越能够提高相应规范的抽象程度，这种做法也就越具有宽容性。因此，宽容和规范的关系并不破坏规则，但却不为规则所局限，尤其是不至于对各种与己不利的事情耿耿于怀，包括不主张复仇。此外，规范还可以为体验与交流提供必要的保证，所以人们愿意遵守，或者说它们值得遵守。因此，相对说来，宽容不是排斥或摒弃规范，而是在普遍的抽象意义上认同规范，以便根据实际需要来使用规范。

比如，幽默就是一种宽容，因为幽默就是"描述"在接受相应规则的前提下，可以同时表达两个或两个以上的主题，尤其是看起来相互矛盾的主体或内容。比如，当有几个人看到某个地方的别墅

销售广告时，其中某个人发问道，"这里的别墅一定很贵吧？"对
此，如果回答贵或不贵都是一般陈述，但如果回答"对于钱多的人
或富人来讲就不贵"，就是幽默，而且是一种对抽象范畴的描述。
在这个幽默中，宽容的意义就在于，它既没有违背规则，也说出了
实际情况，既回答了提问，又表达了其他的主题，比如穷富差别。

　　由上可以看出，规范大致相当于不成文的规则，也就是没有规
则那么强的刚性，同时也不一定都能对宽容起到制约作用，包括保
障或削弱。然而正因为如此，宽容和规范的并用才扩大了体验与交
流关系互动的张力，也就是说，各种关系对信任的作用并不固定，
也不一一对应。作为不成文的规则，规范可以由习惯产生，但它并
不是习惯，而是规则的伴随物和副产品。这种规范可以使信任的范
围更加宽泛，所以相应的宽容度也更高，比如做志愿者、尊重不同
民族的感情和宗教信仰等。这些观念和做法并不是自然而然形成的
习惯，但也不是明文制定的规则，而是出于道德、政治、教养、甚
至压力等外来的关系因素所形成的宽容度。

　　但是另一方面，这种规范也可以起相反的作用，也就是建立各
种小圈子的信任，自觉不自觉地带有排外的倾向，致使表面的宽容
掩饰不住狭隘的高傲。比如，在大学校园里由教授和学生组成的精
英圈子，散发出自以为是的霉腐味儿，也就是所谓近亲繁殖。这种
规范还由于代际相传而不断巩固，恨不得从幼儿园到博士到教授甚
至到院士都在某一个学校，而且往往就是父母已经在此任教的学校
完成。比如从清华幼儿园、清华附小、清华附中开始，继而清华的
本科、硕士和博士，然后留校，然后讲师、副教授、教授，运气好

的话再当院士或资深教授什么的。

与规范作为不成文规则所具有的特性相一致，宽容本身也具有很大的盲目性。一方面，固定的关系之所以最具有可信度，其实并不是因为这种关系的本性，归根到底还是由于某种外来的因素，比如伦理，所以更可能具有潜藏的欺骗性，包括出现诸如亲人成仇之类的超出常规的恶果。另一方面，由外来的关系造成的信任有着多种多样的来源途径和形成方式，所以相应的真实性和可信度也都不一样。不过，主观期望和信任形成是互为因果的，人们之所以会受骗上当，往往就是相信了假的东西，比如一个人如果不想发财大体也就不会被诈骗钱财。在当今这种网络时代，信任完全可以、甚至也更容易通过"网聊"这种外来的关系而建立，双方或多方根本不用见面。当然，相应的结果就是这种方式建立的信任可靠度和真实性都不高，比如先通过网聊获取信任尔后实施诈骗的案例就不胜枚举。

那么，靠什么来实施宽容呢？宽容主要靠变动规范而得以实施。就己方来讲，可能出于亲情、人情、友情等关系或信任，甚至仅仅是图方便而变动规范，也就是放宽了某些标准。然而就他方来讲，也可能为了宣传需要、意识形态导向、完成任务等压力而变动规范，也就是收紧了某些标准。不难看出，不管是这两种情况的哪一种，都是自己的本意、良心和理性的道理向着其他什么外来的因素的让步。换句话说，通过对规范的变动，现实中宽容得以实施的更多因素在于故意，也就是利用了别人的宽容。正因为如此，前面才说宽容的参照是规范，而规范的变动是体验与交流关系互动的内在需要，也即是价值上的值得。至少，主体在变动规范的时候往往就是这么认为的，不管他意识到了没有，或者愿不愿意直接说出来。

因此，宽容并不是主体或发出方的大度或仁慈（尽管这种情况是存在的），而是一种机制，尤其是通过利用他方或"别人"的宽容的来实施或实现宽容的功能机制。如果宽容是利用了别人的宽容或其他外来的什么因素，那么能够这样做的主体一定具有某种特权或占有某种优势地位。在今天，最具有这些特征的主体就是广告和媒体，因为它们可以随意利用公众的宽容，而公众不仅无法反对、无力拒绝，而且还自觉不自觉地把它们的做法当作习惯甚至时尚接受下来。

比如，各种广告所谓的"无理由退换"，按照语法的意思应该是不允许退还，但实际的使用意思正相反。这种情况既不是语法和语义，也不是习惯，而是变动规范的宽容。当然，这种规范变动无伤大雅，也不会造成什么不好的后果，然而正因为如此它才可能形成宽容，或者就是宽容本身。中国大陆的媒体很喜欢模仿台湾和香港媒体的话语用词和说话方式，而这对既成的说法当然就是某种规范变动，包括对错误用法的宽容。比如，"第一时间"这种说法本来是错误的，因为并不存在什么第二、第三时间，所以正确的意思和说法应该是"最短时间""最快速度"，"尽可能快"。但是，"第一时间"这种说法反而由于宽容而成为时尚和习惯，很快流行开来。

在利用别人的宽容变动规范方面，最为突出或最富特征的实例，应该是媒体人为了突出自己，就想尽办法和招数，不惜或故意变动规范，其中一个做法就是把自己叫做"主持人"。以前，这个称谓根据播报任务和性质的不同，分别叫做播音员、报幕人、解说员等，只有娱乐节目偶尔叫做"主持"，没有后面的"人"字，相当于司仪。然而在今天，所有这些工种一律叫做主持人。相应地，主持人就似乎就有了随意制造话语的特权，除了语法错误、语义不对等情况，还极不严肃正经，完全是一种冷漠的或于己无关的猎奇甚至幸灾乐祸的态度。比如，节目中往往会有若干段落或板块，这本来是很正常的，然而播报新闻的主持人却不按正常方式说下面还有消息要播报，而是说还有"更多精彩"，但紧接着的可能就是车祸或暴雨等造成人员伤亡等消息。显然，这是一些本应令人哀伤、需要同情的事情，完全不该把它们叫做什么"精彩"。事实上，媒体对于公众宽容的利用，恰恰就是把一切消息和事件都当成它们制作节目的材料，所以才会把消息的源出叫做"爆料"。

正是由于对规范的变动，尤其是媒体和广告的特权引领，至少在经验的层面，尽管多种答案是必然存在的，但并不妨碍人们以宽容的心态和方式做出正确的选择。比如，"共同呵护好孩子的眼睛"这句广告语就包括两种意思，一个是把呵护孩子的眼睛这件事做好，另一是指需要呵护的是好孩子的眼睛，潜在的意思就是不包括不好的孩子。但是，几乎不会有人在后一层意思上理解这句话。而且，经验也是有普遍性的，比如话语中的节奏。在上句话中，说话者会用节奏把"呵护好"和"孩子"而不是"呵护"和"好孩子"分开。还有一则广告，一个孩童大声感叹说，"外婆乡小榨菜籽油，小时候的菜油香"，殊不知，他自己就是个小孩子，哪里来的"小时候"。更有很多看似自作多情实则强加于人的做法，比如除了前面说过的"分享""点赞"等，居然还有主持人在每天固定的新闻节目播报结束时说"感谢您的陪伴"，而事实在于观众或听众是为了了解新闻而不是陪伴播报人来的。

或许，人们平时根本不在乎上述这些广告语和媒体做派，然而这恰恰表明，规范的变动是随时随处的，而对此的不经意就是一种宽容，所以一旦认真追究反而就是不宽容了，甚至也没法交流了。同样，利用别人的宽容这种做法，也很容易使这种利用本身形成相应的"别人"的习惯，从而混淆了或者用不着分清宽容和规范的区别或界限。比如，当主持人说"欢迎某某给我们分享他的病历"时，这里的"分享"指某种意愿或要求，但却存在语病，即分享和病历的体验特征是矛盾或冲突的；接着又说"谢谢你带来的分享"，这里的"分享"可以是名词、动词、甚至专有代词，但都内容不明；最后说"通过他的分享可以看出"，这里的"分享"不知道是"他的"还是听众的抑或某个事件的。

不过，宽容和规范的关系互动同样也能够对严肃或重大的话题起作用，也就是造出或形成某些新的术语及相应的使用习惯。比如，"经济社会"这种表达已经成为专业术语了，从日常话语、学术文章，直到发展规划、中央文件都可以经常看到它。不难看出，这个词汇的含义并不明确，甚至也不准确，因为它至少可以包括"经济和社会""经济性的社会""具有经济性质或特征的社会""关于经济的社会"等多重含义。但是，几乎没有人觉得这个词汇有什么不妥，也没有权威部门出来做相应的解释，所以人们其实是就按照自己的理解来使用它，而且并没有妨碍交流。这种情况的可能性和真实性，都在于宽容和规范的关系所具有的"值得"功能，尤其是交流的便宜。

当然，实例本身并不是道理的根据，只是为了便于说明。之所以举这么多广告和媒体的例子，在于它们最富宽容和规范的关系特征，也最能影响和引领公众的体验与交流关系互动，对此前面的"广告化机制和特征"一节已经指出过了。

4. 小结

我们的精神状况总是处在不断的变动中，这就是所谓"体验"，而对于体验的"知道"却是由交流来实现的。换句话说，"交流"的实际功能，在于某种告诉自己发生了什么的方式和方法，而这种情况的真实含义，在于体验（不管是个体的还是普遍的）是通过或经由别人的反映来证实和实现的。在这个意义上讲，体验提出问题，而交流则以展开体验的方式成为体验的答案。经验表明，体验与交流的成立和实施需要相应的载体和形式，比如情感和习惯、语言和计算、宽容和规范等，它们既构成了体验与交流的基本关系结构，也体现了这些关系互动的功能形态。

情感指处于感性层面或水平的精神状态，主要包括心情和感觉。由于习惯是人们进行交流的共同维系，情感的形成在很大程度上依赖习惯，它们共同提供了体验与交流关系互动的基础。语言和计算既是体验与交流关系的内容含义的表达和表述工具，同时也可以独

自构成有含义的内容。从功能作用来讲，语言和计算依照它们各自
的规则，使得体验与交流成为能够被整体地"看到"的图景。无论
从结构还是功能来讲，宽容和规范都不是外在于体验与交流的对象
性手段，而是构成体验与交流关系的自身要求和所包含的基本因素。
因此，宽容和规范的状况或应用不仅影响或制约着体验与交流关系
互动的具体内容含义，而且还在"值得"的意义上体现出这些含义
的选择特性。

第三部分

与第二部分的各种关系一样，分类与参照也是问题与答案关系互动的结构部分和功能因素。作为哲学的基本范畴，相对说来分类是问题，参照是答案。从发生的角度讲，判断一经开始，就已经在进行分类了，于是，相对定型的分类和再分类就成为问题。分类需要对比和比较，所以具体的参照显然远多于分类，于是它们就成了分类问题的答案。换句话说，尽管具体的分类与参照各有不同的内容和针对，然而从普遍性来讲分类与参照对于问题与答案的各种关系互动具有相对独立的方法论含义。一方面，问题运用分类与参照展开自己，另一方面，答案经由分类与参照得以实现。因此，理论上讲分类是参照的理由或根据，而在实际运行中分类与参照互为问题与答案，同时也是问题与答案的基本知识形态。在此意义上讲，分类与参照是问题与答案互动关系方法论的基本范畴和核心概念，所以第七章既是对这种情况及意义的说明，也是分类与参照作为方法的具体运用。

第七章　分类与参照

　　通过前面各章节的讨论，我们可以把一个问题包涵或具有多种答案的原因总结归纳为三种基本情况。一种情况是答案在问题"之先"，即所有问题都是在或隐或显的答案因素基础上形成的，或者就是这些因素的重组。因此，不仅问题是"一"、答案是"多"，而且真实的答案也才总是问题自身的展开。这种情况既是一个问题多种答案的逻辑根据，也是相应的经验常态。另一种情况是相同或近似的答案本身包括不同的层面和方面的针对。所谓"层面"主要包括意思、内容、含义、意义等，而"方面"主要包括部分、程度、进程、作用等。它们都可以独自成立，也可以相互影响或结合，共同作用，不过相对说来，"层面"指问题与答案关系互动的结构，而"方面"指它的功能。还有一种情况是相同的问题可能存在不同甚至相反的答案，而且它们都没有对错，在运用或应用中也都可能成功或失败。这种情况所体现的，是一个问题多种答案的使用或运用的针对、局限以及形态。

　　如果说，上述三种原因也就是三种情况的类型，包括存在、思

考、活动、创造等形态，那么也可以说我们随时随地都活在各种分
类和参照中。同样，第二部分各章所说的各功能关系及其作用也都
具有分类与参照的因素，也就是说它们都要以不同的方式或在不同
的程度上运用分类与参照。如果将这种情况的存在本身作为问题，
那么分类与参照的关系互动也就展示了这个问题的多种答案。因此，
这一章分类与参照所要讨论的，主要是从类型学的角度来安置问题
与答案，所以相应的讨论分析也就是对问题与答案关系互动的相关
范畴的运用。换句话说，相对前此各章，这一章更多是从整体或宏
观的方法论角度，阐述一个问题多种答案这种情况的基本类型及相
应参照，或者说指出实际应用中答案的主要类型。

　　至少经验告诉我们，只有通过分类，我们才能够知道自己是什
么，同时，也必须有所参照，才能够知道自己在干什么。因此，尽
管矛盾可能是万物运行和我们做事的动力，但是，除了少数不得已
或被迫的情况下，事情总是在不同程度的一致性上才能做成。这种
一致性，就是分类和参照，或者说通过分类和参照形成各方都能够
达成一致的公分母（分类）和公约数（参照）。比如，世界上有穷
国和富国，在它们参加国际贸易的时候，穷国不能因为穷而要求富
国让利给它。怎么办呢，就找公分母，比如市场准入条件、关税待
遇、贸易最惠国待遇等几乎对所有主体都通行的公平规则，然后找
公约数，比如达成某种协议、成立某种组织等，以使参加其中的国
家和地区按照相同的规则进行贸易，并由此获得相应保护或在其他
国际市场上没有或少有的好处。

　　因此，分类与参照看起来是区分不同，但其作用却是为了能够

把世界看作一个整体。虽然分类是问题，参照是答案，不过相对说来，分类更多涉及形式，参照则更多就是内容，在法制社会尤其如此。比如，民法典和刑法典几乎是人们行为底线的分类大全，同时它们也是各种相应的形式表述和规范。于是，不管知道和不知道，自觉和不自觉，个人和单位对于自己行为后果的最终承担性质、程度和方式都由这两套法典说了算，也就是以它们作为参照，而这同时也就是它们的功能或作用内容。

　　同样，如果说法律是"硬"规范，或者具有制度的刚性，那么从"软"的，比如价值观选择的角度来讲，爱国主义也许既是最大的公分母，也是最大的公约数。所谓公分母，针对的是个体利益，即把"国家"作为安全依赖的最大共同体，而公约数则是从工具理性的普遍性来讲的，即所有国家都倡导爱国主义，也就是都以"本国"作为公约数的基本单位。因此，作为各种认识和活动的基本方法，分类与参照不仅仅是答案类型，同时也是问题与答案关系互动的类型。

　　尽管从实用的角度讲分类与参照的必须具有普遍性，但是作为具体的方法，分类并不是先验的根据，而是某种假说，参照也不是任意的选择，而是有针对性的标准。之所以如此的主要原因，在于使认识和实践成为可能，或者说变得更加可行。在这个意义上讲，分类的根据在于它自身，即总会有各种同类，也就是各种相同的东西。但是，由于这种情况是自然的，处于同类中的东西并不"知道"自己的身份或者与其他的类的不同，或者必须有所参照才能区分出自己来。因此，分类与参照的关系是客观存在的，而具体的分类与参照却是人制造出来的，用以区分自己以及识别万物。作为方法，分类与参照的确立既可以属于或采取经验综合，也可以属于或采取分析指定。不过，这两种方法的共同之处也就是分类与参照的内在联系，即参照的标准是外在的，而且往往就是其他的类别。

上述情况表明，一方面，为了避免随意性，参照自己无法提供标准，另一方面，分类的可能恰恰在于将问题本身作为标准。在这个意义上讲，分类是"先"出现的问题，参照是"尔后"的答案，而且往往就是分类的展开，其主要方式就是排除所设或所选类别之外的类别。比如，当我们面对一个汽车形状的奶油蛋糕时，要想确定这个东西的存在含义，至少需要考虑六个内容类别，即食物、蛋糕、模型、汽车模型、摆件、艺术品。不难看出，这种确定其实就是前面说过的命名与指称的认识过程，也就是分门别类地安置可能具有的含义。具体说来，如果我们认定它为蛋糕，那么得出这个结果的方式就是排除其他五个类别；如果我们认定它为汽车形状（也就是模型）的蛋糕，那么得出这个结果的方式就是排除其他四个类别。以此类推，可以分别或同时安置需要的内容含义，而在这个方法或过程中，被排除的类别就是参照。换句话说，参照通过对于作为问题的类的排除法形成相应的答案，当然也就是分类的展开形态。

由于分类与参照的内在联系，下定义或设立限定性命题的表述顺序只能从小说到大，因为小是各种"多"，大是整体的"一"。比如，只能说"桃子是一种水果"，而不能说"水果是一种桃子"，这里的桃子是"小"，水果是"大"。从命题的角度讲，大的东西其实就是问题得以生出的"一",所以才是无法被排除的类别。就上述例子来讲,"水果"以上位概念的"一"成为无法排除的类别,其所属的下位概念可以包括苹果、梨子、香蕉等许多种和无数个具体的水果,而它们就是"水果"这个问题的自身展开和多个答案。

但是,表述的顺序并不等于定义或命题本身,因为从"小"说到"大"可以有各种说法,比如"桃子"也可以说成是"一种蔷薇科落叶小乔木树的果实"。因此,无法被排除的类别尽管在逻辑上被作为,或者就是包涵了大(或整体)的"一",但这个"一"在实际运作中又分为单一和复合两种情况,而由此产生的参照也随之具有不同的针对性和适用域。单一的情况比较容易理解,因为尽管它的含义可能包括很多不同的东西,但这些东西都属于同一个概念,比如"水果"。因此,需要对复合的情况做些解释。

比如,"具有某处特色的生态主义"这个概念是复合的,而其分类的实际情况则根据参照的类别大小不同而各有区别或侧重。就其复合因素包括地域和主义这两个部分来讲,如果将"某处"作为从小说到大的"小"的类别,那么参照的标准及顺序就是先地域尔后生态主义;如果将"某处特色"作为"小"的类别,参照的标准及顺序就是先特色,尔后生态主义。如果分开来,也就是作为"一"的大(或整体)的概念都是各自独立的单一性类别,那么它们得以成立的参照将更多。比如,针对作为分开的单一类别的"某处""特色""生态主义"等概念,它们各自的参照至少可以分别是"各个地域""一般情况或规律"以及"各种非生态主义"等。之所以说"至少",一来在于不同的分类标准可能具有不同的参照选择,二来是因为参照对于分类的作用不是固定不变的，也就是说，两者之间的应用方向并不总是一一对应的。

　　然而，不管作为复合概念还是单一概念，它们作为类别仍然需要相应的参照，只不过为了表述方便，这些参照往往并不在概念中表述出来。比如在上述例子中，"具有某处特色的生态主义"作为具有"一"的性质的类别，不仅隐含着字面上没有表述出来的类别，即"各种或各个地方的生态主义"，而且这个没有表述出来的类别的参照作用更具根本性。这样讲的道理很明显，因为尽管这个表述没有出现，但至少从逻辑上讲如果没有其他地域和种类的生态主义，"某处特色"和"具有某处特色的生态主义"等概念都将由于缺失参照的针对而无从谈起，或者说没有真实含义。

　　由此也可以看出，不能被排除的类别往往也就是相对独立的参照，所以它们的位置或含义并不固定。比如，位移也许是这方面最典型的情况。从经验上讲，我们知道或感觉自己在移动是因为看见周遭的景物在变换位置，如果天太黑或者空间足够大以至于环境过于空旷无物，比如身处高空、大海、沙漠，就很难判断自己是否在移动，以及移动的速度有多大。当然，也可能确实是周围的什么东西在移动，而我们是静止不动的。但是，这两种情况的道理是一样的，即相应境况中的参照原本就是相对独立和随机出现的，所以答案的对与不对也是随机的。

　　从有分类才有参照来讲，答案对不对本来就是无所谓的；但是从问题的展开来讲，分类与参照的实际作用却是针对答案而言的，所以总是会有一些相应的答案类型。由此，作为问题与答案关系互动的功能形态和方法应用，分类与参照主要包括四大答案类型或类别，即提供理由、认识分类、行为参照、神秘。不过，"神秘"这种情况或许超出了单一类型的局限，或者说它作为一种类型对其他三种答案类型也有相应的适用域或解释力。

1. 提供理由

分类与参照关系的最原始、也是最基本的类型就是为知道和做法提供理由，因为只要人们想知道什么，包括宇宙万物、世间诸事、人类自己及其行动，就必须进行分类和参照。因此，提供理由这个类型既是分类，也是参照，或者说，它所起的作用既是针对分类的也是针对参照的。理由当然各种各样，所以相应的答案就成了对于从原始体验到经验体验再到观念体验的陈述，也就是对于作为问题的说明的答案。也正因为此，前面第四章中才说陈述作为答案具有相对的独立性，即尽管从逻辑上讲陈述在问题之后，但是作为对存在的确证，实际上也就是问题形成的基础、前提、方式。不过，作为类别，提供理由显然不是指各种具体的理由，而是有理由本身，也就是理由的"有"。换句话说，提供理由这个类别具有本体论和方法论的性质，或者说是所有方法的基本根据。

社会存在当然包括人的因素或作用，而且往往就是人的活动；自然存在不以人的意志为转移，但也是因为人的参与和干预而具有意义。因此，意义对于这两种存在所表示的，就是条件的功能性质，也就是一方面用意义作为对存在的作用，另一方面也就使意义本身成为存在的条件。但是，尽管现实总是五光十色的，社会却又不总是美好的，所以人总想知道表面现象后面是否还有一些更加根本的东西，能够用来解释世间的矛盾。如果没有，那么一切东西和道理就只能浑浑噩噩了，所以不管那个更加根本的东西是什么，它都是被作为最根本的理由才有意义，也就是使得世间万物能够被区别开来。

其实，对于分类与参照来讲，提供理由的必须性正在于我们不能在"意识"之外把握对象的"本体"，而这就是问题。至于相应的答案，它们作为认识或把握对象的方式已经是多种多样的了，所以必须有相应的分类与参照才是有用或有效的。因此，所谓从本体论的意义上为分类与参照提供最根本理由，并不是去探究什么本体，而是以各种方式、在各个方面设立或确定"有"。不过，"有"的对立面并不是"无"，是"非有"。这样讲的原因至少在于无可以生有，所以非有不过是另一种有，包括不可能和相对这两种情况。

比如，红色的绿、三角的四边形等说法是语义上的不可能，而抓举 500 公斤、一口吃下一头猪等做法则是事实上的不可能。但是，"非有"更多的变化情况还在于相对的"有"，其中最极端的变化就是否定。比如，把一个装满水的瓶子砸碎了，里面的水也流光了，于是它们都被否定了，也就是成了别的样子的"有"。一般的或更为常见的变化情况则是某种相对的有，比如刚才说的那瓶水，即便不去增加或减少里面的水，每次看它们的时候其重量也会不一样，因为里面有各种射线、各种电波等东西。如果是同样重量的棉花，这种相对的"有"的情况就更加明显，因为那堆棉花里藏着很多空气，以至于每次你把它拿出来的时候其形状、体积和重量都不一样。但是，不管是否定还是相对，这两种变化都是"非有"，也就都是另一种有。

之所以不去探寻"本体"，还因为它是一个说不清道不明的概念，词典中说它是本质、本性，都像是在同义反复。或许正因为此，马克思主义哲学不大言谈本体，觉得它虚无缥缈，没什么用处，而且极易导致唯心主义。在我看来，如果一定要说的话，本体的意思就是"本来就有的东西和原先就是的样子"，而它的实际作用，恰恰就是为分类与参照提供了终极根据。本体并不是具体的类别和对比，但却是提出和制作类别和对比的理由，因为如果没有超过所有因素的因素，或者说超过一切标准的标准，凭什么言说分类与参照呢？

因此，这种终极根据是一种特性，它可以是哲学，比如"太初有道"，也可以是宗教，比如"上帝说有光便有了光"，而今更是科学技术的发现，即宇宙诞生之前没有时空的"能量"。就连史学也是如此，即可信且有用的历史研究总是要能够提出或找到某种标准，从而可以对历史为什么是这样演变过来的做出适当解释，甚至以此为当下和将来提供借鉴或借鉴的根据。但是，理由、根据、标准这些东西看起来自在自为，似乎具有某种终极性质，实际上是分类与参照的迫不得已。一方面，不做分类人就无所适从，另一方面，分类本身就需要有参照。当我们把这两方面作为真实的方法来使用时，总是面临着一个既是前提也是结论的困惑或纠结，即能够作为各种分类与参照的"资格"是什么。

　　显然，对此不能用相对主义来解释，因为分类与参照本身就是相对而言的，同样也不能采用绝对主义，因为那将导致类似上帝一样的终极东西出现。真实的情况应该是某种关系主义，也就是我们原本、也只能生存或生活在各种关系中，这些关系的异同于是就构成了分类与参照的"资格"。因此，就像本小节开头说过的，提供理由就是弄清楚各种理由的"有"，而它们之所以有资格为分类与参照提供理由，当然在于它们的不同，如果都一样，不仅没什么必要分类，而且也没有得以分类的参照。由此可以看出，尽管各种关系就是各种"有"，而它们的异同是分类与参照的"资格"，但所有这些"有"和"异同"作为理由的性质和形态都是一样的。换句话说，最基本的或最终极的分类与参照应该另有理由，即需要使它不仅是无法排除的类，而且同时也就是参照本身。

　　事实上，这个理由就是需要以及如何区分"有"和"非有"。在这个意义上讲，作为资格的异同，或者说"有"和"非有"的区分判定，至少可以分为三种主要的或基本的形态，并由此形成作为答案的相应三种性质的分类与参照。其一是对存在或性质的判定。比如，那是某物吗？或这是红的吗？这类问题的答案看起来都只能有一个，即是或不是，但事实并不如此，因为至少还有"不知道"。其二是选择。比如，哪种说法是对的？或哪些情况是真实的？这类问题的答案可以是一个，但更多时候显然不止一个。其三是创造。比如，对此你打算怎么做呢？或怎样才能更好呢？这类问题几乎不可能只是一个答案。分类与参照的终极理由在性质上应该能够涵盖上述三者，相应的存在形态也可以大致分为自然、自觉、选择三种，从逻辑上讲也是三个递进阶段。

所谓自然形态，就是一切被给予的存在状态，它既是历史已有的，也是当下正在形成的。这种存在当然也有其道理或根据，但作为必然是如此的东西，这种道理或根据与人的参与与否无关。换句话说，存在的自然形态尚没有形成属人的"问题"，分类与参照也因此处于一种"等待"的状况。但是，正是这种等待本身表明了某种性质的判定，也就是将如何理解和对待自然，从而使自然形态与人联系起来，为人所运用。因此，针对存在的自然形态，分类与参照的终极理由在于性质判定，从而为选择和创造提供条件。

"有"和"非有"区分的自觉形态是由意识和思维干预过的，也就是具有了"问题"的存在形态。如果除了人类以外还有什么有意识和思维的东西，它们也可能由于它们的"问题"而处于自觉形态的存在水平。意识和思维在作为普遍规律的存在的时候也是先验的，即属于自然的形态类型，是"问题"使它们具有了目的论的自觉性。因此，在自觉的存在形态中，分类与参照的作用在于做出各种相应的选择，从而为创造提供条件。事实上，选择形态就是自觉形态的直接结果，因为自觉的标志性功能就是选择。这个结果，就是以分类与参照的形式做出的创造，也即具体的答案。但是，答案的多样性使得分类与参照始终处于选择和创造的过程中，也就是说，选择形态是一个持续不断的创造过程。

上述情况或隐或显、或多或少指向关于存在的纠结，因为它们都是针对存在形态而言的。前面已经从问题与答案互动关系所具有的本体论性质讨论过选择与存在，而这里的纠结再次表明，提供分类与参照的理由无论多么具有必然性，也总还是要经由人的选择和创造。因此，所谓分类与参照终极理由的存在形态并不是指某种物质的形式或结构，而恰恰就是人对于问题答案的设置，所以都是人的感觉和想法，听不到、闻不到、见不到、也触不到。其实，"存在形态"这个词是从功能上讲的，也就是分类与参照的作用的不同方式，为的就是避免或回避存在与思维关系的麻烦。第二章关于选择与存在的讨论已经表明，把思维与存在的关系作为哲学的核心问题这种做法本身就是很可疑的，因为这样不仅局限了存在及存在形态，而且模糊和泛化或者悬置了思维。在无法确证思维的存在就去讲思维与存在的关系，也许就是哲学的局限，或者哲学的迫不得已。

　　但是，提供理由就必须确定理由本身的安置，所以不得不提出所谓存在形态。如果把作为道理对象或载体的东西叫做"存在"，那么道理自身的存在却是一种"虚无"。虚无不是绝对的无，而是一种需要填充的状态，也就是"虚位以待"，道理通过问题与答案填充这些"虚"的"位"，同时也就使道理自己成为"有"。但是，"无"并不因此成为"有"，而是作为参照具有了意义，各种"无"在成为参照之前都没有意义，也就是都不成其为有无之无。因此，"无"并没有自己真实的存在，而是问题与答案具有意义的前提，也就是说，没有问题与答案一切就仍处于虚无的状态。"虚"类似朱熹所谓的"无极"，一旦运行，也就是"气凝"，即填充，问题与答案便同时生成。因此，这里纠结的并不是终极的道理与各种道理、同一道理与各种事物（实体、实在、存在、状态）之间的"一"

与"多"，而是问题自身的展开方式。

　　纠结的另一层含义在于，"存在"是自明的，但也是没有意义的，因为无论从逻辑还是现实来讲，"存在"的概念都是真实存在的前提。真实的，也是有意义的存在有三种，即显在、隐在和信在。显在就是能感知（看、听、闻、摸）到的存在。隐在是能够思考（逻辑、规律、理念、意识）到的存在。信在是确定的存在，而且只有信在才有意义。显在是对象性的，在经验上是排他的，所以没有确定的内容，尤其是没有内容的意义。隐在也是对象性的，在逻辑上是共有的，但需要借助其他东西才能表示内容，所以其意义也是间接的。只有信在，才是对显在和隐在及其意义的确定。

　　比如，看见一棵树是树的显在，但如果转过身去仍确定这棵树的存在，就是信在。这时，信在可能需要通过各种方式，或者说借助包括隐在的其他东西，包括根据那棵树的照片、自己的记忆和知识、正在经验或感知那棵树的别人的告知等方式和物件，来得出确定的判断。但是，任何方式本身以及它的真实性都需要"相信"，所以信在的确定本身就是"问题"。由信在得出的具体的意义是各种"答案"，而它们作为参照也就是对已经确定的信在的分类选择，包括排除和否定。

　　存在如果是真实的，就必须有"容纳"它的时空。在这个意义上讲，空间支撑了"本体"，包括思维、问题的本体，时间才有"意义"，包括问题与答案。"瞬间"严格说不占有时空，但它应该是自身满足的时空，而不仅仅是时间的联结。自身满足的时空指的是"内容"，也就是说，瞬间就是内容。但是，由于内容的填充和延续，时间就是记忆，而且就像时间会在抵达黑洞的奇点时终止一样，一个人没了记忆或者死了，他的时间也就终止了。宇宙是一个仍然在膨胀的东西，但也可能最终会缩小。不管宇宙膨胀、缩小、还是就这样不再变化，总有一个"容纳"它的东西，也就是场地、场所，而这个东西又不能叫做"空间"，因为它是宇宙创造的。

因此，不管是迫不得已、图省事、还是现实需要，总之导论中就说过我们这里讲的哲学是中观或经验层面的，比如即使是宇宙时空，其红移也是可见的，而大爆炸则是能量向物质转换，134亿年前的GN-z11也许是最接近时间创始的恒星等。从这个角度讲，光就是类，也是参照。或许，对于终极的"有"我们只能维持所谓事件视界的说法，也就是随着真实的"事件"，容纳这个事件的东西、场地、场所甚至空间也才生成，所以就是无中生有。因此，所谓"存在"既自明却又没有意义的另一层含义，是指存在需要依靠分类与参照才能确定其"有"的方式或形态。

比如，各种"尺度"就是分类，当然也就是参照不能排除的类。从大尺度来讲，2013年普朗克空间望远镜就"看到"了时间和万物伊始的光。从它拍摄到的宇宙微波背景的光，也就是能量的"海洋"涟漪留下的痕迹，可以分析出来自138亿年前大爆炸的光。如果没有大爆炸，宇宙诞生的"时间"也不存在，也许真实存在的只有能量和虚空，而无中生有也就是能量向物质的转化。因此很可能，等到最大的黑洞死亡，或者人马座A星全部蒸发掉，银河系的时空就开始轮回。从小尺度来讲，存在不仅测不准，而且把握不住，因为到了"最小"或小到一定程度，那些东西就"变成"其他东西了。

或者说，物质又变回能量了。脑电波是物理现象，但人想要知道的不仅仅是这种电波如何工作，而是怎样承载、构成思维"内容"的。在这方面，最为关键的因素之一，是大脑中的神经元如何共享信息，或者说不同的神经元如何协同来承担思维的"内容"，而理解和"看见"这个因素的前提就是分类与参照。

因此，真正起作用的分类与参照几乎都是中间层面的尺度，也就是经验层面的提供理由情况。这种情况大多简单明了，甚至错了也不要紧，只要不妨碍应用或使用，事情一样能办成。比如，在各种需要填报履历和所谓自然情况的时候，常有一项分类叫做"文化程度"，但至少由于"文化"的含义和"程度"的标准都不确定，这项类别很可能由于缺失参照的针对而没有真实含义。不过，好在事实上这一项所填报的内容就是"学历"，所以尽管与所分或所属类别不对应或有差异，甚至文化程度和学历根本不是一回事，但这些从来就不妨碍相应分类在提供理由的意义上使用。换句话说，设置某项内容就体现了分类的理由，而填写者实际上是通过各种参照的试错，比如猜测、打听等才填写对了内容的，以至于在经验层面或实践中制表方和填写者都不去追究具体的类别名称是否准确。

2. 认识分类

如果提供理由是分类与参照的最基本类型及作用，所以具有本体论性质，那么从认识论的角度来讲，相应的分类关系到认识结果自身能否作为答案。这是一个终极之问，也是问题本身，因为严格说来所有的答案都说不到底，也就是都无法自我确证。不过，至少从形式上讲，惟有经验到的认识结果、其实多数情况也就是知觉才可靠，才可信。比如，我们都觉得太阳明天升起是很自然的事情，但今天夜里会发生什么谁也不能保证。其实，觉得自然并相信它，一是出于经验习惯，二是假定我们可知觉的太阳还在原来那个地方待着。这就好比用木板挡着阳光，经验告诉我们拿开木板阳光又照过来了。

因此，尽管分类与参照相互关联，密不可分，但由于分类作为问题的提出总是以某种认识为根据，所以最基本的分类总是针对不同的认识结果而起作用的。换句话说，认识的分类在结构和功能上都侧重于类别，或者说，相应方法的应用域和重要性都是分类大于参照，包括设置标准。这样讲的主要理由在于，根据分类与参照的内在关系，不同的认识结果本身就是参照得以成立的那种不可排除的类。因此，所谓认识分类，不是指如何认识分类，而是指认识的结果自身必然形成的不同类型或类别，从主体的角度讲也就是对于认识的分类。

由上可以看出，认识分类的基本对象就是各种"知道"，否则不仅认识就是一团乱麻，而且某个认识的结果算不算知识、也就是知识的真实性都将被怀疑。前面各章已经讨论说明，我们做任何事情总要以某种"知道"为前提或基础，不管这种"知道"深刻还是肤浅、理性还是感性、自觉还是不自觉、是多还是少、甚至自以为知道其实是误解或弄错了。这里要说的是，作为认识的结果，这种"知道"大致可归为两种认识类型或类别，即科学和知识，而且它们也各有其作用的针对。

不管怎样定义科学，从功能或作用来讲，科学本身就是分类，从而能够发现规律和制定规则，而知识的构成则是任何被知道的或认为已经知道的东西，不管它们对与不对以及有用与否。根据这种不同，相对说来就是科学以及分类提出问题，而知识以及参照展示答案。作为认识的结果，科学是为了让人们对各种道理放心，从而能够由此提供可靠和实用的技术或方法，所以要排除类的混淆；而知识则是为了满足好奇心和特权欲，叫做"学问"，从而可以炫耀人类所创造的文明，所以必须把各种各样的类用来作为参照。因此，研究、发现和应用是科学的常态，而知识的常态是知道的东西越多越好，并且最好还要能够记住，所以知道很多知识的人就被称为学者，其中记住很多东西的叫做饱学之士。

如果说哲学是道理的道理或根据，那么科学这个类别应该是能够体现不同道理的相应的认识体系，而就我们现在的分类来看，它们大致包括自然科学、社会科学和人文科学。从字面上看，前两个体系中的"自然"和"社会"都是人的对象，而后面的"人文"却是人自己。其实不然。正由于社会是由人组成的，或者说人不仅总是在社会自身的结构"之中"，而且还是这种结构的构成"材料"，所以人根本无法直接面对社会。我曾经说过，社会并不是静止的结构，而是人用间接的方式处理直接的事务的一种境况及其机制。①因此，从认识体系的角度讲，自然科学和社会科学都有其科学性，

---

① 孙津：《哲学的样子》，团结出版社 2022 年版，第 104-105 页。

而且哪一个的科学性也不必另一个强或弱，不同的只是对于道理的价值侧重和关注方式不尽相同。至于"人文"，它所表示的应该是一种精神，所以是对象内在自身的认识形态，其科学性更多在于某种间接的道理支持。

按照自然科学、社会科学、人文科学这三大类型的科学分类，相应的内容分别是关于自然的规则、关于功利性活动的关系、关于非功利的价值。第二章第一节"主观与客观"中已经提到过自然科学和社会科学的区别，其实，无论"自然科学"能否真的"存真"，也不管"科学"的含义是否等于正确、合理甚至真理，从科学本身的成立来讲，其根据和方式都是分类。这个分类，就是把各种认识结果放到它该放的位置，然而确定什么是"该放"以及哪里是它应该的"位置"，则要依靠参照。如果科学是不断发展或进步的，也就是总有新的发见、新的认识，那么它们的正确性和真实性就只能是某种分类，也就是归于既有的类别和开辟新的类别。比如，主要以功能为标准，已经分出了所谓基础科学、应用科学等类别。相对说来，所谓基础大致指普遍的理论，而应用则者指具体的技术。不过从作用针对来讲，基础科学和应用科学的分类似乎还不够用，于是又列出"综合"学科类别，或者干脆就叫做"其他"学科类别。

显然，不管怎么分类都不可能将所有认识情况或特征都各自列为一个类别。这样讲至少有两个理由，其一，在作为类别之前某种认识结果算不算得上一种类别尚需要确定，其二，这样做至少在数量上类别就会多得不可想象，以至于无法操作。但是，一方面是为了应对认识体系自身分类的需要，另一方面是为了获取或维持认识特权的需要，就以上述三种类型的科学为基本轴线找一些可以归类的东西，作为更加具有针对性的相应基本分类。事实上，所谓"学科"就是这么来的，也就是相对总的"科学"认识来讲，按照不同的或具体的认识针对，分类出各种学科，比如数学、物理、化学、历史、法学、文学等。在学科这个层次以下，又弄出许多低一级的或从属性的分类标准，比如"亚"学科、"多"学科、"交叉"学科等。其他还有长时期或永久性、短时期、针对性以及阶段性等各种分类标准，甚至包括政策解读、思想导向、联系实际等相应要求。

与科学不同，知识的含义并不很严格，或者说外延比较宽泛，大体就是指对所有东西或所有事情的知道。根据这种理解，知识包括所有科学的内容，但是因为知识无所谓对和错，甚至可能真实也可能虚假，所以知识本身并不是科学。虽然不同的知识也可以有各种相应的分类标准，但它们对于知识自身的特性来讲都是不必要的，因为只要是知道的或被知道的就足够了。比如，你可以言说历史知识、物理知识、美术知识、烹饪知识等等几乎能够想到的一切领域或方面的知识，然而唯其如此也就等于除了你所知道的东西，什么分类也没有，或者说无法做任何分类。因此，知识本身就是无需再分也不可排除的类，而且在这个意义上它同时也就是参照。

从上可以看出，知识的分类是整体性的，也就是各个领域和方面的知识作为不可排除的类都是同一个原因或根据，即被"知道"了。然而不难理解的是，没有人能够知道所有的知识，百科全书不能，全世界的图书馆加在一起也不能。因此，知道并且记住的东西越多，就越有学问，叫做大知识分子或大学者。比如，传说赵匡胤曾梦见黄袍加身，于是才真的以此行为当上了皇帝。这个梦和这件事可能是真的，也可能是假的，而且显然不是仅靠黄袍加身就能当皇帝的，但一个人是否知道这些事却是真的。也就是说，知道这些传说或故事的就叫做有知识或有学问，而不知道的则叫做没知识或没学问，但所有这些不同的人都不是类别，而是使用分类的主体。

因此，相对说来，所有科学都属于知识，但知识未必都是科学。几乎所有的科学都有用处，而且在这个意义上某项科学也就是真的。对于个人来讲，他只要知道他所研究或探索的东西就算是科学家了。比如袁隆平，他当然可能懂得很多东西，包括理论和技术，但仅知道并培育杂交稻这一项，就足以堪称有大贡献的科学家了。知识则不然，它可能完全没有用，甚至也无所谓真伪。比如，据说以前手帕是各种形状的，由于法王路易十六的敕令，都改成正方形的了。尽管直到今天世界上的手帕真的几乎都是正方形的，但上面那个故事是真是假、有什么用处则都是完全无所谓的，只不过对它的知道就是知识罢了。

从哲学和判断的角度讲，不管科学还是知识，它们作为不同的认识结果都以分类为基础，所以在形态上也就都是分类本身。同样，科学和知识也都既有先验的，比如数学，也有经验的，比如历史，但它们的真实分类与参照却取决于话语的表述或表达。一般说来，先验的综合判断和经验的综合判断是两种最基本的分类，由此参照才可能成为有意义的答案类型。不过，无论先验还是经验，综合判断也只是一种分类标准，所以对于问题与答案来讲，各种举例说明几乎都能找到相反的例子。但是，这并不等于举例子不对，而恰恰表明能够举出各种实例本身就是一种类型学的情况，也就是经由认识过程或运用认识结果来形成不同分类的标准，或者是先验的综合，或者是经验的综合。

但是，举例说明不仅是为了方便，更是分类本身的一种形式特征，因为认识分类直接关系到相应理由的提供，也就是从不同角度提出的不同原因或根据。比如，在"只要团结一心就能打败鬼子"的判断中，"团结一心"就是作为取胜原因和根据的类，但它并不排斥武器的直接作用，而是说如果不团结就算有了好的武器也打不赢。由此，认识分类中一个常见的疑问，就是话语表达或表述的真实性。比如，尽管对于对象的各种认识都是有局限的、相对的，但由于自然科学的对象本身是独立的、自为的，所以如果对它们认识是正确的或合乎实际的，那么相应的解释和表达或表述也就被认为是符合对象独立和自为的规律性的。

至于社会科学，虽然其客观性包括主体与客体的分立和联系，但通常都认为其真实性只能服从所谓客观规律。比如，电视剧《大决战》的解说词里有句话，说"没有人能改变历史的进程"。就历史是人创造的来讲，这句话的本义应该、也只能是指不能改变"已经是这样的了历史"，否则那个"进程"就是一种神秘主义。然而仔细分析情况并非如此，因为历史不仅是客观事实，也是对事实的评价，更是一种知识，甚至评价也是事实的构成，所以才会有或才能形成"已经是这样的了历史"。在这个意义上讲，事后的做法也是"已经"的历史的构成，即改写了历史，至少是部分改写了。比如，岳飞及其抗金行动就被南宋的皇帝宋孝宗平反了，而且那时孝宗的父亲高宗还活着。

其实，尽管不断有新的类别产生，包括真正的科学和知识创新，但它们不仅都以既有分类为基础，而且往往离不开既有分类。比如，很少有人直接说"量子学""天体学"，而是说"量子力学""量子物理学""天体物理学"等。同样，也有反过来使用某些"大词"或大概念的情况，比如奥巴马主义、安倍经济学之类的说法根本谈不上是什么主义或学说，而不过是这些人采取的某种政策，甚至只是某个时期的做法而已。

不过，分类的运用在生活中的更多情况其实是比较模糊的，比如称呼某个人是"化学家""物理学家""作家""书法家"或别的什么"家"就有多重含义，既可以只是指相应的职业，也可以表示在相应方面有杰出的造诣，还可能只是表达说话者对对方的尊敬等。但是，这种模糊恰恰就是某种分类，比如上述例子中的职业、造诣、尊敬等就是不同的类别，而"不顾""随便""怎样都行"等模糊态度或标准同样也都是真实的类别。

因此，无论是科学的位置"该放"哪里、还是知识的事情"知道"多少，对它们的分类已经成为认识的基础和相应秩序的标识，至少从应用的角度讲是如此。这样讲的根据在于，尽管分类的标准并不完全一致，各种层次的区分也不一样，但为了使用的方便还是要基本遵从科学和知识的本性。或者反过来说，科学和知识对于认识的分类已经决定了人们相应的秩序标准和组织形态。从实际情况来看，认识分类不仅覆盖社会的方方面面，而且已经成为权力部门和职能部门以及所有组织形式的功能标识，而且这种情况从机构的名称就可以看出来。比如，各个国家一般都设有农业部、林业部、水利部，大多也都会设有文化部、旅游部、体育部，出于方便、高效或节约等缘由，也有可能把前三者合为一个部，后三者合为一个部。但是，无论如何都不可能按照农业文化部、水利体育部这样的方式来合并设置。

上述情况所表明的，当然是分类本身的科学和知识特性。但是，如果据此就认为应该有某个或某种普遍的或公认的分类标准，那么现实中的分类将或者由于争论而无从进行，或者由于缺乏权威而无法定夺。幸好在现实中，恰恰是由于分类与参照在提供理由方面的正当性及其相应的习惯，人们反而很少纠结这种分类标准，更多考虑的是现实的需要和运作的方便。因此，认识分类，至少是具有实施功能的认识分类，包括如何分类以及分多少类别等具体事项，都是由权威机构来确定的，而且往往是政府职能部门。比如，对于教育的级别、规模、方式、学科、学位、职称，以及各种招投标项目的类别等分类，一般都是由教育部或者再加上科技部来制定或规定的。

3. 行为参照

行为参照的主要功能是形成行为方式和可能，所以虽然也是分类与参照的主要答案类型，但作为分类与参照关系的具体运用，其实际作用主要在于参照。因此，相对认识的分类来讲，行为参照的作用是参照大于分类，或者说更多侧重参照。之所以这样讲，在于这里的行为是广义的，包括具体的行动、活动，但其真实含义和普遍意义主要指某种打算做什么以及怎样做的态度，包括举止选择、好恶倾向、价值取舍等。

如果说，我们用分类的方法来确定认识结果的真实含义，那么，我们不仅用参照的方法确定行为的具体含义，而且通过参照决定是否、能不能以及采取什么行为，包括无所行为，直至死亡。事实上，正是由于死亡腾出了机会，提供了资源，自然界才得以生生不息。因此，我们虽然不知道自己什么时候死，但作为终极性的参照，我们确实知道总有一天会没有明天。但是，这样的参照并不是各种相对主义，而是一种结构性的功能，就像自然界一样，没有参照一切都是静止的。在这个意义上讲，参照的功能可以是对象性的，但是其功能的确立却是结构性的。

因此，没有相应的参照不仅行为无以所依甚至无法进行，而且包括人和自然在内的世间存在也就无从安置。比如，前面说到过位移需要参照，但这种情况作为行为参照并不是指单纯地相对定位，说没有东就无所谓西、没有南就无所谓北、没有上就无所谓下，而是结构性地把位移的主体放到各种定位中。就行为来讲，这种情况表示作为行为者所需要的参照就是那个不可排除的类别。在所谓东西南北的例子中，这个类就是方位或方向，行为者并不是相对而言地知道自己的处所，而是结构性地，也就是将自己放在某个地方从而使得那个地方具有了确切的方位或方向。换句话说，行为者真实地朝向或处于某个位置，构成了东南西北作为具体参照的功能性内容，而这种结构状况就确证了方位或方向作为不可排除的类别的结构性分类作用。

不同的观点可能会认为，既然行为包括价值取舍，那么所有价值参照就应该是非中立的，所以不可能是结构性的。这种情况只是看起来如此，真实含义却正好相反。撇开人类的远古情况不谈，至少到了今天，几乎所有人都不愿意做坏事，也都知道什么事好什么事坏，所以做好事情不做坏事情已经是结构性的行为参照，也就是不可排斥的类。现实中如果发生与此不同的情况，主要是出于两种原因，一种是对于好坏的看法不同，比如威权和民主、利他和利己等，另一种是私利压倒了善意。

然而恰恰是对于上述"另一种"原因，行为者几乎都会设法编出一些说辞为自己开脱，而不是直接和公开说自己在作恶。从小人物、小事情到大人物、大事情，这种把不当或作恶说成是迫不得已或正义行为的实例几乎天天在上演。在小的方面比如随便撒谎，上班迟到了就推说路上堵车，交通肇事逃逸了就说自己没看见、没感觉到出事了等。在大的方面直至国家元首级的公开耍流氓，比如自己要做战争贩子，却诬陷伊拉克藏有大规模杀伤性武器，甚至直接劫掠阿富汗存在银行账上的钱，却说是为了赔偿恐怖分子造成的损失等。

因此，尽管价值本身并不是什么实体的结构，但作为行为参照却可能具有某种结构属性，也就是现实存在的针对性。事实上，行为的具体价值也是根据某种参照而定的，所以价值参照并不局限于好坏善恶的意思，而是一种选择的态度和可能，也就是真实的结构性"值得"境况。比如，古代的人类就没有今天很普遍的 2 型糖尿病，其中一个重要的结构性原因，就在于古代的食物不丰富，甚至也没有剩余，而且这种境况使得那时候人的基因也和现在人的基因不同。因此，即使在今天，塔拉乌马拉人，也就是墨西哥北方奇瓦瓦州西南部的中美印第安人也很少有糖尿病，因为他们没有这方面的基因，而且他们一旦多吃了现在的食物，就很容易肥胖。

当然，列举上述例子并不是主张任何一种还原论，而是为行为参照的功能提供相应的结构性根据，也就是行为对于不同参照类别的形成和确立的影响或作用。比如，人的进化在于某种基因突变，但这里的原因极有可能是随机的、偶然的，至少现在的科学技术还不能给出完全清楚的解释。但是，不仅这种变化本身就是相应的参照，而且人类自觉提供的原因参照更是明确而又多样，即文明、主要是技术的变化。正因为如此，自然的或者说进化的突变远远赶不上文明的变化，也就是既没有文明变化那么快，也不如文明变化那么多，更不如文明变化的作用大。这种不同的情况，不仅形成了不同的行为参照，而且使得行为的具体含义有了更多选择的可能，或者反过来讲，正是这些可能表明或决定了行为其实并没有独立的自主性，一切都取决于参照。

但是，进化的突变赶不上文明的变化不等于它不受文明的影响，恰恰相反，参照的结构性功能就是在这种相互影响中形成的。现在的各种研究表明，近10000年来人的进化比以前加快了，比如进化出了端粒酶。端粒酶的功能主要是把DNA（脱氧核糖核酸）复制的缺陷填补起来，也就是把端粒修复延长，可以让端粒不会因细胞分裂而有所损耗，使得细胞分裂的次数增加，从而能够避免相应的疾病。这种行为参照不仅在于功能上的普遍性，而且参照本身似乎也具有某种结构性的本体。比如，如果像已经发现的那样，人体染色体的重量是它们所含 DNA 重量的大约 20 倍，那么这些多出来的"过剩"质量是否就是 DNA 的结构的质量。不过，至少可以确定的是，由于有了再生医学、替代器官、干细胞移植等技术，我们可以用自己的干细胞培养出某种器官，比如现在已经能够用干细胞培养出心肌细胞了，以后肯定还能够克隆自己。

参照虽然很多，但对于行为来讲总是在某种针对的意义上起作用的，否则就真的什么事情也没法干了。比如，语言的运用就有两种基本的参照情况。一种只允许有一种解释，不得有歧义和误解，比如科学原理、法律条文、官方文件等，所以只能以规范的语法、语义、语用等语言要素为参照。另一种是所谓日常语言，也最具有自由特性，比如，一个人可能会说他正在"有事"或"忙着"，但这个意思的理解弹性很大，只要包括"他没有时间或办法再做其他的事情"这个意思就行，而且并不保证情况是否真的如此。事实上，对于日常语言来讲，参照的东西并不局限于语言，更要依靠"情景"，包括上下文、手势、表情、对话者的相互关系、信任、故意的隐瞒和欺骗等。

不过，人脑做出某个判断并不需要穷尽所有可能，甚至也不需要"大数据"搜索，就能够做出相应的反应。对于行为参照来讲，它的功能决定了它不像分类那样需要严格认真的推理和分析，尤其是日常的行为参照，往往几乎处于习惯的水平。比如，判断自己是否认识某个人，并不需要把所有以前认识的人都拿来比较，而是

"立刻"或"瞬间"就知道了。或许，我们脑袋负责辨认的功能的确进行了相应的活动，比如挑选出与当下要判断的那个人最为相近的人的形象，如果没有，就"知道"自己并不曾认识。但是，不管我们是否感觉到了这个辨认过程，经验上的参照都清楚地表明，所有经由大脑做出的判断从逻辑和事实上讲本身就都不可能是唯一的。

其实，行为参照之所以可以像习惯一样地起作用，在于参照就是各种各样的境况，而不是类别的命题。如果按照逻辑实证主义所说，命题为真的根据一是与经验一致，一是逻辑结构。这样一来，首先要有问题才有命题，比如"这是黄的"就已经是对问题"这是什么颜色"的答案了。然而事实是不同的人往往得出不同答案，这里的原因就在于相应参照的选择取舍，而答案的对错本身很可能是假的或没有意义的。比如在语言参照中，有研究发现，英国人没有"橙色"（orange），而是说"黄—红"（yellow-red）；俄国人没有"蓝色"（blue），而是说"深蓝"（siniy）或"浅蓝"（goluboy）。研究还发现，说俄语的人比说英语的人能更快分辨蓝色的深浅度，而说希腊语的人在英国住的时间久了也会用同一种蓝来表示深浅不一的蓝色。[①]那么，这究竟是不同语言导致对颜色的认知不同（命题的逻辑结构）呢，还是所认知的颜色本身就是非唯一性的（经验的一致性）？两者都有可能，也都不可能，这就要看相应的参照是什么了。

------

① 《不同语言对颜色认知不同》，载《参考消息》2018年11月11日，第7版。

　　参照除了可以看见，有时还要求能够触摸。比如，对于一幅画的很逼真的画，真假的参照只有去触摸才能形成。与"看到"和"触摸"相比，记忆就显得靠不住了，比如小时候觉得很大的地方，长大了回去看却很小。因此，有时候参照本身是真实的，但其作用却受到相信甚至习惯的影响，比如人们明知道表演者不可能被拦腰截断，于是就把这种情况叫做"魔术"来相信。不仅如此，魔术的变换也必须符合习惯，比如，白鸽子可以变成灰鸽子，但变为红鸽子就不可信了。

　　参照虽然包罗万象，但也不是互不相干、毫无联系，相反，它们可以以各种方式和标准合并为参照类别。比如，性质就是一个重要的类别，也就是由具有共同或相同性质的境况构成的参照类别。就存在来讲，"性质"是属于个体的，但是几乎所有性质都可以构成、并属于各种性质群。比如，鸡的性质是鸡这个个体专有的，包括不同的鸡，比如山鸡、家鸡、锦鸡、火鸡等，但是，鸡又属于"禽类"，禽类又都属于"动物"，等等。性质群等级越高，不仅涵盖的各种性质就越多，而且分叉的可能也越大。比如，鸡和禽类都属于动物，人也属于动物，但是许多禽类可能也是鸟，而人和鸡、禽、鸟以及动物的差别之大，甚至造成了性质的再区分。比如，"高等动物"的人和"一般"意义上的动物，比"一般"更为低级的、也就是和"一般"的性质不相同的"低等"动物，以及只靠细胞分蘖的无性动物、单细胞动物等。

　　事物都是变化的，所以参照本身也会变化，甚至由此形成新的类别。不过人们仿佛对此并不在意，而且很可能是怕麻烦所以就仍

然延用原有的概念或名称。比如，不管怎么理解战争的含义，真正
打起来胜负都取决于物质和精神两方面的状况。物质状况比较好理
解，主要是武器、技术、财力、体力、自然环境等因素。精神状况
包括两个主要因素，一个是谋略，另一个是士气。在物质和精神两
方面所有因素里，有三个的功能或作用是有极限的。一个是体力，
这个很好理解，一个是士气，包括信仰、忠诚、仇恨等因素，但它
们都无法把凡人变身神仙，也不可能把肉体变成钢铁。第三个是武
器，与前两者不同，这个极限是武器自身的比较，比如弓箭肯定敌
不过机枪。因此，战争就是这三种因素的综合运用和协同发挥。但
是，由于中国人民志愿军在朝鲜战场上将这种协同发挥做到了极致，
也就是用士气和体力克服了武器装备和技术条件方面的巨大差距，
人类从此也就终结了这种意义上的战争（后来越南的抗美战争虽然
也在一定程度上延续了这种性质，但美国的撤军已经主要是政治原
因了）。在今天，"战争"这个名称没有变，但武器和技术在所有
因素中的绝对优势地位或作用，已经使战争成为不折不扣的杀戮游
戏，比如北约对南联盟的轰炸、美国发动的海湾战争等就是对此的
最好证明。

显然，影响或造成分类含义变化的参照因素并不是某种看法，
比如立场、角度、需要、目标等，而是参照自身关系的结构性变化。
比如，冥王星之所以不算太阳系的行星，主要因为它的运行轨道与
太阳系的其他八大行星不同，也就是不在黄道平面上，而是与此有
倾斜角。但是，主要出于三种情况或原因，使得在现实中参照结构
发生变化而分类并不一定跟着变。其一，在一段时间内人们还没有

发现或认同了某种参照结构的变化。其二，嫌麻烦，也就是即使知道所使用的分类已经不准确甚至有误了，但习惯仍能维持使用，所以并不去做相应修改或调整，或者做了也不严格执行。其三是无知、偏见和故意，主要表现为明知事情和事物并不是原来的样子，却视而不见，甚至恶意利用，比如用空洞的概念搞双重或多重标准、弄虚作假和制造销售伪劣产品等。

因此，所谓结构性变化，就是指参照针对行为所起的作用，但参照的境况和方式，或者说参照自身的内容几乎包罗万象，比如存在、知道、判断、指令、猜想等，而且相反的答案也可能并存。比如，佛说，心静才能看见并眷顾众生；革命者说，心不静为的就是众生。后者于是不惜为了多数牺牲少数，前者则是劝解不要有任何牺牲。从道理上讲，两者并无对错之分，但前者似乎只是逻辑上的，从未见过真实的实现，而后者既是逻辑上的，也有过真实的实现，或者叫做现实的概率。

事实上，就像不选择也是一种选择一样，不仅离开参照人就没法行为，而且就连选择不行为也离不开参照。这方面最典型的实例，也许就是我们在回答别人的问话时经常会说"随便"，因为"随便"就是不行为，但它却至少可以包含四层意思。其一，自己心中已经有了某种选择，只是不方便说，所以希望能由问话者的选项给出；其二，选择什么东西或怎么去做都行；其三，什么也不想做，或态度消极，但出于无奈勉强接受；其四，态度积极，而且勇于接受对自己没有什么利益的事情。对于行为来讲，所有这些含义有一个共同的参照，就是"接受"，而且不管愿意与否。比如，如果问话是

"你喜欢吃什么"，共同参照就是接受吃东西；如果问话是"这几件工作你选哪一个"，共同参照就是接受干工作；等等。

4. 神秘

如果说，提供理由、认识分类、行为参照都是以自觉的和主动的方式形成或给出各自的答案，那么，神秘既非自觉也非不自觉、既非主动也非不主动，因为它就不是什么方式或方法，而是一种注定，或者说注定本身。在此意义上讲，之所以要在这一章讨论神秘，就在于它是分类与参照的对立面。因此，尽管从普遍性上讲神秘也属于分类与参照的主要答案类型，但就其实际含义和作用来讲，神秘是无解也无需解的答案类型，所以是对分类与参照的超越。对于神秘来讲，没有问题，也无需答案；无法分类，也不必参照。

但是，不应把神秘理解为超自然，恰恰相反，它再自然不过了。宇宙间的物体或现象，放在地球上可以叫做超自然，但这种"自然"其实就等于"局限"。因此，神秘其实就是人自己，准确地说是从人自己的愿望来看的一切都"刚刚好"。如果不平衡了，人就会担心，就会找原因，就会设法改变，从而神秘也就不见了。所以俗话才会说，"人一开口上帝就发笑"。所有事情都有道理，也就是都能找到因果，然而为什么是"这样"才是神秘。换句话说，看起来是由于人具有目的性，所以按此来衡量才会觉得"刚刚好"，其实是所有东西和情况自身都是"刚刚好"的，包括违背人的意愿和目的，以及人的事情的失败。但是，神秘并非不可理解，只不过它十分类似美学的特性，也就是没有比较级。

如果说，"刚刚好"的意思就是指所有东西就是这个样子，所以等于什么也没说，那么从原因和结果的一致性来讲，数学就是一个真正神秘的典型实例。数学并不是抽象，而是想象，因为它原本就没有什么赖以抽象的东西，或者说无法、也无需还原出这些东西。但是，数学的规则和运算却能适合物理学、化学、经济学、社会学等具体且可经验的领域的应用，包括"生产"或"制造"出东西，并且支撑这种应用以及相应实体东西存在的合理性和有效性。

这种想象和实体、主观和客观、原理和应用等关系的一致性本身就是神秘，而它的"刚刚好"包括两个主要方面，一个是自然，包括人在内，另一个是人自身，就是男女。这种"刚刚好"在规模上也分为不同的级别，比如地球的存在或境况是宇宙级别（银河系、太阳系）的刚刚好，人的存在或境况是地球级别的刚刚好。前面讲到数学，它作为研究和理解宇宙、生物、遗传、细菌等方面的应用工具，则体现了包括人在内的自然，或者说人和自然两个方面的所有存在境况和形态的"刚刚好"。

所谓人自身，就是指人的类级别和规模的"刚刚好"；而之所以说这种"刚刚好"在于男女，是因为人这个物种自身的"内部"区别、或者说分类特性就是性别。换句话说，男女的神秘是针对分类而言的，也就是没有第三种性别。至于现在的变性、双性、无性等情况，实质也都是针对两性才有真实含义的。因此，这里神秘的意思就在于为什么刚好就有两种性别。但是，既有性别的状况如何则是依据参照而定的，所以并不神秘。比如，不仅前面说到的变性需要参照，就连所谓男女不平等业完全是参照弄出来的，包括阶级差别、经济形态、观念意识、社会制度等参照。正因为存在这些参照，所以只要存在性别压迫，那么不管两性中谁压迫谁，男女各方都不算、或者说都不能得到解放。

　　不过，各种参照与性别的实际状况的关系并不总是清楚确切的。人类历史上曾经有过母系社会，不知道那时男性是否受压迫。今天还有不完全的母系社会，包括中国的"走婚"，但似乎也不见因此女性就压迫男性的情况。因此，如果没有参照，就没有性别本身的不平等，而对男女不平等加以分类的主要根据也都是性别之外的因素，包括阶级、政治、经济、宗教、文化等，所以也就不神秘了。真正神秘的是两性的"纯粹"关系，比如，除了生理上的区别，或许更为经验层面的参照或比较，在于愿意并真的为对方做出牺牲的是哪一方。现在没有这方面的调查统计，包括事件总数、主要缘由、牺牲类型和程度等，但凭经验或直觉，我可以肯定占多数的一方为女性。

　　同样，正是由于对参照的误用，诸如女权主义或女性主义、男女平等、妇女解放之类的说法几乎成了永恒的话题，包括这类命题对不对、相应的做法好不好等争议。其实，如果排除上述那些性别之外的非神秘因素，这类问题本来就无解，因为它们或者涉及神秘，或者属于神秘，或者本身就是神秘。从现实来讲，如果一个国家的大多数妇女在法律、教育、社会、就业、医疗、文化等方面的基本权利得到保障，使得妇女能够差不多像男人一样活着，那么仍然主张并实践上述话题就不仅是挑战性别存在及安置的神秘，而且极容易造成社会和资源的浪费，增加性别之间的矛盾。之所以说"大多数"是因为凡事都不可能百分之百，同样，所谓"差不多"是因为男女的身体和心理毕竟有差别，况且也有不少妇女比男人更能干、活得更好。因此，与主张上述那类永恒话题相应的妇女组织和机构，其性质和功能极有可能是反动的，也就是实际结果与其宣示的目标和价值是相反或相悖的。

从自然的角度看，无论是男是女，我们每一个人都是宇宙的产物，也都和 140 亿年前创造宇宙时的某个东西有关，即引力，因为它太大了宇宙无法形成，太小了宇宙将冻结。看来，大爆炸就是神秘之源，因为在它"之前"没有时空。不过，能够确定的情况是，我们所处的宇宙把地球能够生成人并让他们活下去的所有条件安置得刚刚好，也就是恰到好处。我们现在千方百计想知道，火星是否也有过生命，因为数十亿年前火星也有过和地球上产生生命时非常相似的情况，也就是条件刚刚好。结果，我们根据没有大气层、缺少磁场，以及水干涸了、气候寒冷了，大地成了沙漠等不"刚刚好"的变化，就说已证实火星不可能有生命。

其实，不仅火星，科学家们想方设法在宇宙中寻找有生命的星体，或者说在能够探查到的星体上寻找生命。据说已经发现了 2000 亿颗位于恒星宜居带上的类地行星了，而且有些还可能在表面有液态水，也就是海洋。但是，有没有生命对于那颗星球来讲又有什么关系呢？更不要说什么各种条件的"刚刚好"了。因此，人其实应该，而且也只能从选择的意义上建立自己的宇宙观，包括理解存在，不管是真的有离开人的活动的存在、作为先验本体的存在，还是占据具体时空的物体存在。

同样，真实的"刚刚好"也是从地球伦理的角度讲的，所以相对说来，那些想方设法找到类地行星并移居过去的人所主张的东西大体上应该属于宇宙论理，不管它们是否也需要符合"刚刚好"。那么，我们应该满足地球式的伦理，还是追求宇宙式的自由？至少从科学技术的势头来看，现在人们选择的是后者。人总是不满足，甚至不愿意停留在刚刚好，巴望能够"更好"，也就是几乎成了励志、自谦以及劝告别人时常说的那句"没有最好、只有更好"。于是，就有了迄今为止的现代化历史，而且还在延伸。不过，我还是主张地球伦理，这至少因为就好比不能设想宇宙之外一样，宇宙的范围或边界也是神秘的东西。

当 2008 年发现距离地球 70 亿光年的伽马射线暴时，自然科学家松了一口气，说如果那个星体或射线源不是这么遥远的话，射线暴的威力就不会像现在这样衰减这么多，地球也早就不存在了。宇宙最大的超级空洞，直径 18 亿光年，是所知的最大结构，它可能造成时空裂缝，也就是宇宙弦，是一种一维的能量线。反物质当然更是一种神秘的东西，是科学家用来安慰自己的道理，为的是肯定存在，否定空。黑洞很可能也会死亡，也会蒸发，比如塑造了银河系的人马座 A★，作为最大的黑洞也会死亡。或许，就像"我们将向哪里去"的答案是"死去"一样，宇宙也将到达其所有路径和时间的终点，即奇点。因此，我更愿意相信，宇宙是轮回的，而这也是神秘自身的终极问答。

可以肯定的是，必然和偶然对于刚刚好的神秘来讲毫无疑义。

比如，木星挡住了许多危害生成地球的东西，而小行星撞击地球造成恐龙灭绝，又可能恰好排除了人类诞生的威胁和麻烦。然而不管什么情况，人类还是诞生了，而且许多"刚刚好"并不都是人所意愿的。换句话说，刚刚好并不等于、也不包括遂人所愿或使人满意。比如，人类直立活动已有约300万—500万年的历史，但直立后的脊柱仍不能完全适应功能的需要，特别是腰骶交界处的慢性劳损，常常成为腰痛发病的基础。小孩刚出生的脊椎数量是32–33块，成人脊柱由26块椎骨，包括颈椎7块，胸椎12块，腰椎5块，骶骨1块（由5块骶椎融合构成）、尾骨1块（由3–4块尾椎融合构成），并借助韧带、关节及椎间盘连接而成。它们大约十六七岁开始老损，尽管继续劳损的进程很缓慢，但表明脊柱达到寿命拐点的时间很短，也就是说那么长时间直立活动的"进化"也没对这种情况有什么"改善"。

很可能，神秘将伴随人这个物种生存的全过程。如果人类灭亡，人类创造的东西都会消失，但地球依然，所以先进的文明寿命最短。无论就地球上生命诞生的历史来讲，还是就人类不存在之后人造物的留存来讲，都是文明的寿命"最短"。比如，地球科学家加文·施密特就认为："我们在宇宙越招摇，我们存在的时间就会越短。"[1]因此，人类很自然地要关心自己物种的延续，比如教皇方济各才会说，"养宠物不生娃是自私"，结果引起网民的愤怒和

---

[1] 《我们是地球上首个高级文明吗？》，《参考消息》2021年11月3日，第7版。

怀疑，指责教皇"与现实和人性"脱节。[①] 其实，真正的脱节恰恰是现实已经没有人性了，所以错不在教皇。如果倒回去看，我们的种类也是逐步减少的，而且几乎不可能再次增多。比如，约 30 万年前地球上至少有 5 种智人种，而到 4 万年前就剩下一种了，也就是今天的我们。但是，有科学家指出，这其中的进化原因并不在于适者生存，而是"善者"生存，"弱者"居上。这里的"善"就是同情心、同理心，而"弱"则是情感需求和依靠他人。[②]

但是，不管怎么说，神秘并不是、也不等于神秘主义，恰恰相反，神秘给了分类与参照最为现实的需要。由此，我认为神秘的解密，也就是神秘不再神秘的关键在于说明（不是回答，也不是答案）什么样的分类应该有相应什么样的参照，否则一切无解。比如，既然我们的科学技术已经发现（看到、证实）时间和空间其实并不存在，那么为什么以及凭什么我们还要把"时空"用来作为"度量"（设置、说明、分类、参照）自己和其他一切的前提，而且同时还在继续探究"时空"是否真实存在及其形态是个什么样子。这其中的原因，无论从逻辑还是经验的角度讲，就在于针对研究或探求和实践或应用的分类与参照是不同的。不过，这种不同之所以可能，则属于神秘本身的性质。

因此，上述时空在分类与参照方面的矛盾并不来自人的好奇心，而是神秘本身。比如，往大了说，就目前的认识或"知道"来讲，

---

① 《教皇涉生育言论引争议》，《参考消息》2022 年 1 月 7 日，第 4 版。

② 《"善者"生存"弱者"居上》，《参考消息》2021 年 11 月 29 日，第 7 版。

我们认为宇宙的扩张力和引力正达到并保持一种"刚刚好"的微妙平衡状态，也就是每立方米 5 个氢原子的宇宙临界密度。等到这个平衡被打破，或者说自己不平衡了，宇宙也就以三种方式之一随之完结，即大撕裂、大坍缩或大冻结。如果情况真的是这样，那么神秘到那时也就彻底不存在了，因为对于人来讲的"刚刚好"不存在了。

当然，也可以说能够使得"刚刚好"不存在的东西或情况本身就是神秘，因为它很可能开启了新的轮回。比如，大约 40 亿年以来地球上的生命构成越来越复杂，但它们却没有像热力学定律的熵增现象那样走向混乱。即使从所谓生物宇宙学的视角能够解释这种矛盾，被认为是新知识的解释本身仍是一种"刚刚好"，也就是生物构型比一般无生命的物质构型具有大得不可比拟的空间或状态数量。当然，宇宙也可能因为突如其来的某种"相变"而终结。不过幸好，宇宙尺度的"刚刚好"与否及其变化所需的时间单位动辄数亿、数十亿年，所以看起来对我们的现实生活似乎没有什么意义或影响，可以不去管它。

但是，不管有没有变化，也无论怎么变化，神秘始终只是针对人而言的，而现在的情况恰恰在于，文明的剧烈变化已经不可逆并加速度地搅乱了慢悠悠的"刚刚好"。由此，我认为并更愿意相信，最有可能的前景是人的行动或做法不久将彻底打破对地球的"刚刚好"状态，从而以人的溃灭为代价使神秘一并终结或失去意义。

5. 小结

　　和第二部分的各章一样，分类与参照也是问题与答案内在的互动关系的一种类型，不过它作为各种认识和活动的基本方法，又是对问题与答案互动关系的具体运用。因此，分类与参照的实施也就从方法运用的角度，依据答案是问题的展开这个原则，具体展示或表明了一个问题多种答案的主要针对方面。

　　其一，分类与参照所提供的理由表明，问题是针对人而言的，事物的各种性质或特性作为答案也是人的看法。因此，"有"和"非有"的区分，是人类的知识和行为需要分类与参照的最根本理由。作为问题与答案关系互动的基本构成，分类与参照不仅体现了"存在"的性质，而且就是真实的存在形态，不仅是认识和活动的方法，而且就是认识和活动的相应内容含义的具体表达。

　　其二，认识的结果包括科学和知识，所以从主体的角度讲必须对各种认识加以分类，从而才能够对相应的科学和知识加以应用。相应的分类告诉我们，问题就是既有结构的变化，所以并非一定要有问句。这就表明，分类并不能证实认识结果的确切含义，但却能够安置认识的结果自身必然形成的不同类型或种类。换句话说，认识分类的基本对象就是各种"知道"，并由此提出相应的问题。

　　其三，行为主要指某种打算做什么以及怎样做的态度。行为参照的功能多样性使得相应结构变化并不局限于分类的"有"，而且包括各种方式或标准的参照类别，也就是不可排斥的类。由此，我们得以通过各种参照来确定行为的具体含义，并决定是否采取以及如何采取什么行为。参照的类别包罗万象，比如存在、知道、判断、指令、猜想等，但它们本身并不是答案，所以需要通过参照对它们的不同用法从而使得相应行为成为具体的答案。

其四，无论如何，各种道理以及相应的分类与参照总会有"例外"，神秘就是使这种"例外"对道理不造成损害的最好解释，也是对分类与参照可能的缺失加以修补的最妙办法。与理由的提供既是分类也是参照不同，对于神秘来讲，既没有问题也无需答案，既无法分类也不必参照，因为神秘就是"刚刚好"，就是没有比较级，就是一切所是的那个样子及其原因和结果。然而，恰恰是神秘衬托出了哲学的作用，即哲学应该并且能够说些什么，而不要以各种无可辩驳的逻辑来推脱责任和逃避义务。

关键词中英文

　　由于字词往往有多重意思，所以对于有些词汇，尤其当它们作为专门用语或概念的时候，通过不同语言的翻译对比，能够有助于更加准确地表达相应词汇的意思和含义。因此，这里的关键词也就是本书若干需要准确理解的词汇。好在这些词汇并不多，所以这里只是按照它们在相应章节中的出现来列出，没有按字母或笔画排序。

哲学的味道 A Taste of Philosophy

问题 question

答案 answer

意思 meaning

内容 substance

含义 implication

意义 significance

命题 proposition

哲学的历史结构 The Historical Structure of Philosophy

分立的 separate

融合的 integral

道理的道理 the reason of reason

经验 experience

先验 a priori

有 Bing

无 nil、nothing

空 void、empty

选择与存在 Select and Existence

东西 Dong Xi（anything、everything/anyone、everyone）

相信 believe

原则 principle

标准 standard

命名与指称 Naming and Assignation

字 word

词 term

词汇 vocabulary

解释 explain

对象 object

事实 fact

说明与陈述 Direction and Declaration

知识 knowledge

乌托邦 Utopia

意识形态 ideology

广告化 advertization

真理与行动 Truth and Operation

检试 Inspect and try

规律 law

规则 rule

因果关系 causality

行为 behavior

活动 action

体验与交流 Observe and Interchange

情感 feeling

计算 count

理性 rational

宽容 tolerance

规范 regular

分类与参照 Classification and Reference

理由 ground

根据 basis

类型 type

显在 visible existence

隐在 hidden existence

信在 believable existence

认识 cognition

神秘 mystery

后记

我衷心感谢胡、张二位先生为这本小书作序！

胡伟希是清华大学的教授，主要研究哲学和思想；张三夕是华中师范大学的教授，主要研究史学和文化。从习惯所谓的"大文科"来看，我们常说文、史、哲不分家。不过事实也的确如此，因为不拘于某种人为划分的学科领域，反而更可能促进思维活跃和视野开阔。

说来也巧，按照国家对于学科门类的划分，我、张三夕、胡伟希三人的博士学位就分别属于文、史、哲。不过，胡、张二位先生各自的学问都远比我的学问要大。也正因为如此，他们对我的鼓励更增强了我继续思考、研究和应用哲学的信心，又所以我对他们的感谢是由衷的。

最后，我必须感谢这本书的出版者——团结出版社。在当前市场效益为主的环境下，团结出版社爱惜学术、不拘门派的情怀和眼界愈加难能可贵。

孙津

2022 年 9 月 1 日，百望山下